FABIO GEDA, 1972 in Turin geboren, arbeitete lange als Lehrer, bevor er sich dem Schreiben widmete. Das Buch »Im Meer schwimmen Krokodile«, in dem er die Flucht von Enaiatollah Akbari beschreibt, brachte ihm international den Durchbruch und ist zu einem modernen Klassiker geworden. In *Im Winter Schnee, nachts Sterne* erzählen Akbari und Geda, wie Enaiatollahs Leben nach seiner Ankunft in Europa weiterging.

ENAIATOLLAH AKBARI ist in Afghanistan geboren, wann genau, weiß er nicht. Die italienischen Behörden haben später sein Geburtsdatum auf den 1. September 1989 festgelegt. Mit zehn Jahren begann seine Flucht Richtung Europa. Als er viele Jahren später in Italien ankam, wohnte er zunächst bei einer Gastfamilie, lernte Italienisch und studierte später Politikwissenschaft. Nach dem weltweiten Erfolg von Fabio Gedas Buch *Im Meer schwimmen Krokodile* beschlossen beide, mit *Im Winter Schnee, nachts Sterne* eine Fortsetzung zu schreiben.

Im Winter Schnee, nachts Sterne in der Presse:

»Ein wichtiges Buch, das nicht nur Akbaris weiteren Lebensweg erzählt, sondern auch anschaulich beschreibt, wie es seiner Familie in Afghanistan ergangen ist.«
The Huffington Post

»*Im Winter Schnee, nachts Sterne* ist eine Art Logbuch für unsere Zeit, in der Millionen Menschen ihre Heimat verlassen müssen.«
stern.de

»Eine Geschichte davon, wie wichtig eine Reise in die Vergangenheit ist, um für die Zukunft gewappnet zu sein.«
La Stampa

Fabio Geda
Enaiatollah Akbari

Im Winter Schnee, nachts Sterne

Geschichte einer Heimkehr

Aus dem Italienischen
von Christiane Burkhardt

PENGUIN VERLAG

Die Originalausgabe erschien unter dem Titel
Storia di un Figlio, andata e Ritorno bei Baldini+Castoldi, Mailand 2020.

Die Übersetzung dieses Buches wurde vom italienischen Ministerium für auswärtige Angelegenheiten und internationale Zusammenarbeit gefördert.

Questo libro è stato tradotto grazie ad un contributo alla traduzione assegnato dal Ministero degli Affari Esteri e della Cooperazione Internazionale italiano.

FSC
www.fsc.org
MIX
Papier aus verantwortungsvollen Quellen
FSC® C014496

Klimaneutral*
Druckprodukt
ClimatePartner.com/14044-1912-1001

Penguin Random House Verlagsgruppe FSC® N001967

1. Auflage 2022

Neumarkter Straße 28, 81673 München
Karten: © Peter Palm
Umschlaggestaltung: www.buerosued.de
Umschlagabbildung: www.buerosued.de
Satz: Leingärtner, Nabburg
Druck und Bindung: GGP Media GmbH, Pößneck
Printed in Germany
ISBN 978-3-328-10936-5

www.penguin-verlag.de

Der einzige Wunsch, den ich für unser Volk habe,
ist der, dass es kein Verbrechen mehr ist,
den Hazara anzugehören.

Abdul Ali Mazari

WEISS-
RUSSLAND
RUSSLAND
DEUTSCH-
LAND
POLEN
TSCHECH.
REPUBLIK
UKRAINE
SCHWEIZ
ÖSTER-
REICH
SLOWAKEI
UNGARN
REP.
MOLDAU
SLOWENIEN
KROATIEN
RUMÄNIEN
BOSNIEN
U. HERZEG.
SERBIEN
Schwarzes Meer
ITALIEN
MONTE-
NEGRO
BULGARIEN
ALBANIEN
NORD-
MAZE-
DONIEN
Tyrrhenisches
Meer
TÜRKEI
GRIECHENLAND
TUNESIEN
SYRIEN
Mittelmeer
LIBANON
ISRAEL
JORDANIEN
LIBYEN
ÄGYPTEN
Rotes Meer
NIGER
TSCHAD
SUDAN
ERITRE

N
W
O
S
KASACHSTAN
USBEKISTAN
Kaspisches Meer
EORGIEN
KIRGISTAN
ASERBAIDSCHAN
RMENIEN
TURKMENISTAN
TADSCHIKISTAN
AFGHANISTAN
IRAN
RAK
KUWAIT
Persischer Golf
PAKISTAN
BAHRAIN
KATAR
Golf von Oman
SAUDI-ARABIEN
VEREINIGTE ARABISCHE EMIRATE
INDIEN
OMAN
Arabisches Meer
JEMEN
0 200 400 600 km

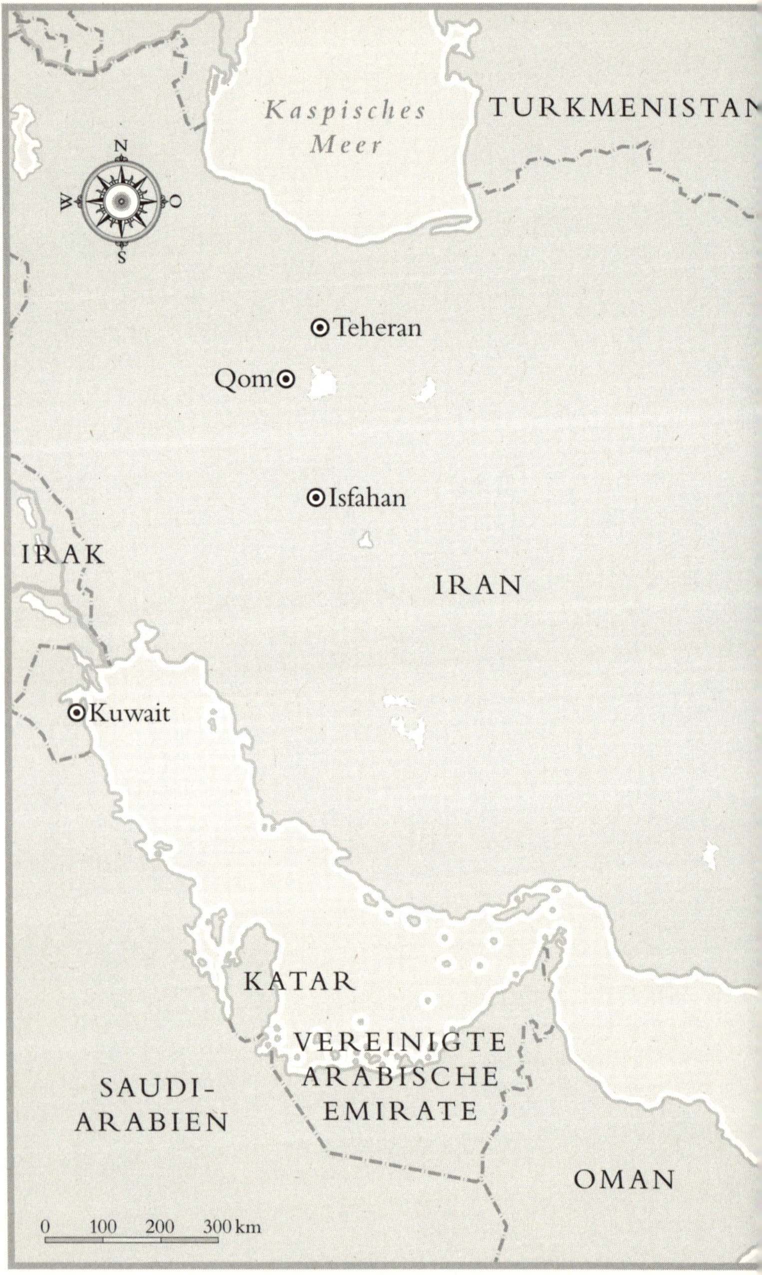

Kaspisches Meer
TURKMENISTAN
N
W
O
S
Teheran
Qom
Isfahan
IRAK
IRAN
Kuwait
KATAR
VEREINIGTE ARABISCHE EMIRATE
SAUDI-ARABIEN
OMAN
0 100 200 300 km

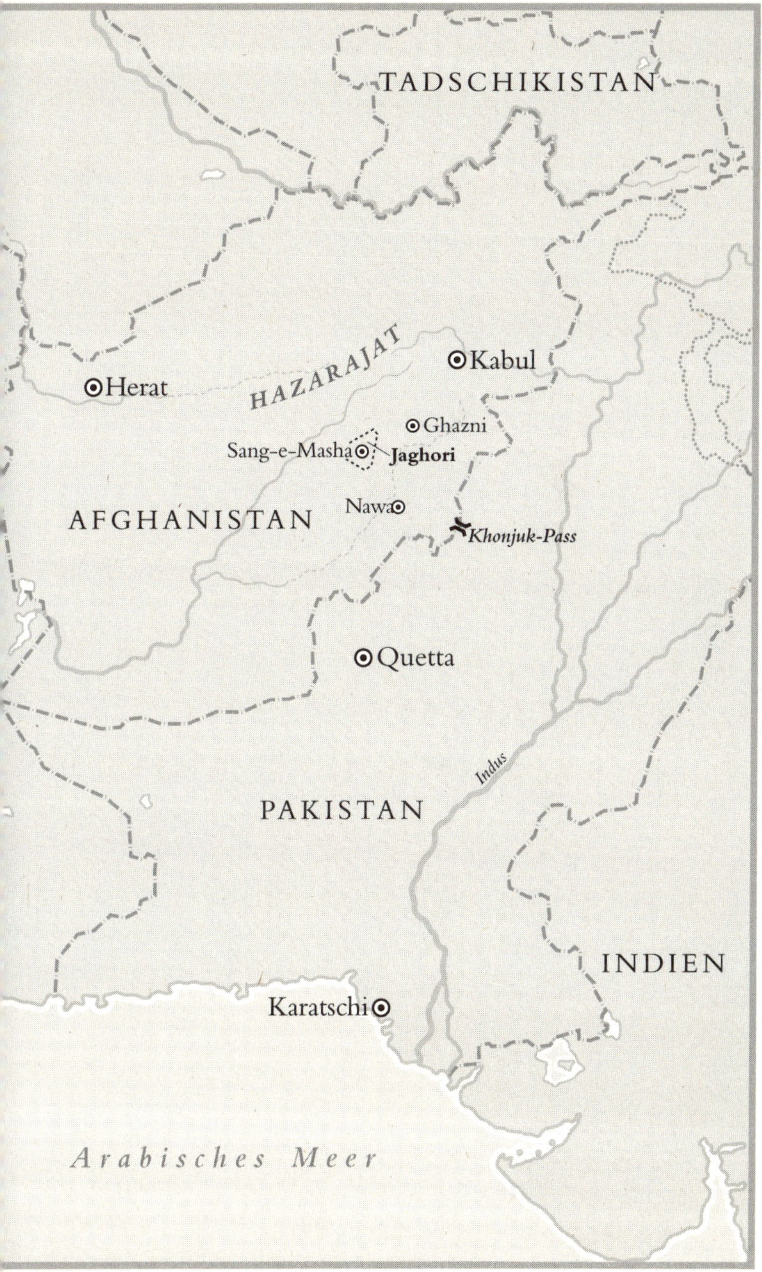
TADSCHIKISTAN
Kabul
Herat
HAZARAJAT
Ghazni
Sang-e-Masha
Jaghori
AFGHANISTAN
Nawa
Khonjuk-Pass
Quetta
Indus
PAKISTAN
INDIEN
Karatschi
Arabisches Meer

0

Die Geschichte ist folgende (und einige dürften sie bereits kennen): Ich heiße Enaiatollah Akbari, aber alle nennen mich Enaiat. Ich kam in Afghanistan zur Welt, im Hazarajat, einer sehr unwegsamen, felsigen Bergregion westlich von Kabul, übersät von Weideflächen und mit dem klarsten Himmel, den man sich nur vorstellen kann. Im Winter Schnee, nachts Sterne – so unendlich viele, dass man sich regelrecht die Taschen damit füllen kann. Der Hazarajat ist die Heimat meines Volksstamms der Hazara, eine Region, die ungefähr halb so groß ist wie Italien, nur dass dort weniger als zehn Millionen Menschen leben.

Schaue ich in Turin, wo ich heute wohne, Richtung Alpen (vor allem gegen Ende des Winters, wenn es noch letzte Schneereste über den gefrorenen Wäldern gibt), spüre ich manchmal eine Art Sehnsucht, die mich im Nacken kitzelt. Dann bin ich auf einmal wieder bei den wärmenden, glimmenden Kohlen in unserem Haus in Nawa, beim Geschrei der Freunde, die sich draußen auf der Straße treffen, um *Buzulbazi* zu spielen, eine Art Würfelspiel, bei den Düften der Speisen meiner Mutter und vor allem bei ihrer Stimme, die ruft: »Enaiat, Enaiat *Jan*, ich brauche deine Hilfe, wir müssen Wasser holen. Enaiat, wo steckst du bloß?

Als ich zehn Jahre alt war, beschloss meine Mutter, dass ihr angesichts meiner schwierigen Lage nichts anderes übrig blieb, als mich nach Quetta in Pakistan zu bringen und dort zurückzulassen, damit ich mich den Scharen von Straßenkindern anschließe. Anfangs habe ich das nicht verstanden, später schon: Für sie war es besser, mich in Gefahr, aber eben auch unterwegs in eine andere Zukunft zu wissen, als mich bei sich zu behalten, im Klammergriff ständiger Angst. Lieber übergab sie mich einem lärmenden Haufen von Halbwaisen, die dank der Großzügigkeit einiger Bazarhändler überlebten, als mich in unserer Heimat einem reichen Geschäftsmann auszuliefern, einem Verbündeten der Taliban, um die angeblichen Schulden meines Vaters zu begleichen.

Ich weiß noch gut, wie alles anfing. So klein ich noch war, merkte ich doch, dass etwas nicht stimmte: Der Gestank der Angst hatte sich in unserem Haus breitgemacht wie der eines auf dem Feuer vergessenen *Korma Palau*. Eines Morgens hatte dieser Mann, der, wie gesagt, mit den Taliban gemeinsame Sache machte, auf meinen Vater gezeigt, ihn herbeigewinkt und ihm befohlen, mit einem Laster in den Iran zu fahren, um gewisse Waren zu besorgen, die er dann in seinen Läden verkaufen wollte: Decken, Stoffe und dünne Schaumgummimatratzen. Um ihn dazu zu zwingen, sagte er: »Wenn du nicht in den Iran fährst und Waren für uns einkaufst, bringen wir deine Familie um. Wenn du mit zu wenig oder beschädigter Ware zurückkommst, bringen wir deine Familie um. Wenn du dich übers Ohr hauen lässt, bringen wir deine Familie um.« Mit anderen Worten: Sobald etwas schiefgeht, bringen wir deine Familie um. Nicht gerade eine sympathische Art, Geschäfte zu machen, wie ich gar nicht oft genug betonen kann.

Als mein Vater Monate später einen Gebirgspass passierte, wurde er mit seinem Laster von Banditen überfallen. Die Nachricht von seinem Tod erreichte uns abends bei Einbruch der Dunkelheit, und trotz unserer Bemühungen, sie nicht hereinzulassen – *nein, das stimmt nicht, das kann einfach nicht sein!* –, gelangte sie irgendwann doch ins Haus, um zu bleiben und die Nacht bei uns zu verbringen. Am nächsten Morgen war sie immer noch da. Und nicht nur sie, sondern auch der reiche Geschäftsmann. Kaum hatte er von der Sache erfahren, stand er bei meiner Mutter vor der Tür. Aber nicht um ihr sein Beileid auszusprechen oder ihr zu sagen, dass es ihm leidtue, ob er irgendwie helfen könne. Sondern um ihr mitzuteilen, dass er durch den Tod meines Vaters wirtschaftliche Einbußen erleide und dass es seine Schuld sei, wenn die Ware jetzt fehle, weil mein Vater nicht in der Lage gewesen sei, sie zu beschützen, und jetzt verlange er Schadenersatz.

Sollte sie das Geld nicht zusammenbringen, sei das kein Problem, dann würde er eben mich nehmen.

In Pakistan lebte ich etwas über ein Jahr, dann im Iran (ungefähr zweieinhalb Jahre), anschließend in der Türkei und in Griechenland. Um irgendwann nach Italien zu gelangen. Das war 2004, genauer gesagt im September desselben Jahres. Und weil ich nicht nur keine gültigen Papiere besaß, sondern überhaupt nie welche besessen habe, keinen einzigen Ausweis, ja, weil ich nicht einmal mein genaues Geburtsdatum kannte, beschloss man auf dem italienischen Einwohnermeldeamt, dass ich für den Rest meines Lebens am Ersten dieses Monats, also am ersten September, Geburtstag feiern werde – nur für den Fall, dass mich jemand beglückwünschen will.

Vier Jahre nachdem ich nach Italien gekommen war, wo ich irgendwann einen Ort fand, den ich als mein Zuhause bezeichnen konnte, und wo sich, während ich noch mit meinen inneren Dämonen kämpfte, immer mehr Möglichkeiten ergaben, ging mir auf, dass ich vielleicht endlich damit aufhören sollte, nur ans Überleben zu denken. Stattdessen trat die Frage in den Vordergrund, ob ich vielleicht meine Familie wiederfinden könnte: meine Mutter, meinen Bruder, meine Schwester und gewisse Onkel, die mir nahestanden. Ich wollte wissen, was aus ihnen geworden war. Lange hatte ich sie mehr oder weniger verdrängt, weil das eine gute Methode ist, sich nicht unnötig zu quälen – nicht aus Bosheit natürlich, sondern weil man einen Weg finden muss, mit sich selbst ins Reine zu kommen, bevor man sich um andere kümmern kann.

Als mir dann mithilfe derjenigen, die mich bei sich aufgenommen hatten, klar wurde, dass ich tatsächlich etwas aus meinem Leben machen kann, vielleicht sogar etwas Sinnvolles, kamen bestimmte Gedanken ganz automatisch, ohne dass ich dafür lange in meinem Gedächtnis hätte kramen müssen. Meine Mutter und meine Geschwister – waren sie nach sieben Jahren Krieg noch am Leben? Seit diesem Herbst 2001, als nach den Terroranschlägen des 11. September der Konflikt ausbrach, war das Leben in Afghanistan einfach nur noch die Hölle. Nicht, dass es bis dahin leicht gewesen wäre, schon gar nicht für uns Hazara, aber ab 2001 wurde alles noch einmal deutlich schwieriger: Inzwischen sorgten nicht mehr nur fundamentalistische Gruppierungen für Tausende von Toten, sondern auch die Bombardierungen durch die NATO-Koalition, die die afghanische Regierung gegen die Taliban und gegen al-Qaida unterstützte. Wie war es meinen Angehörigen in der ganzen Zeit ergangen? Waren sie verwundet worden? Waren sie noch zusammen, oder hatten sie sich getrennt? Waren sie geflohen? Und wenn ja, wohin?

Für sie war es ausgeschlossen, Kontakt zu mir aufzunehmen, weil sie a) nicht die leiseste Ahnung hatten, wo ich gelandet war und b) über keinerlei Mittel und Wege verfügten, das herauszufinden. Ich dagegen hatte schon die eine oder andere Möglichkeit, etwas über ihren Verbleib in Erfahrung zu bringen, und so beschloss ich, aktiv zu werden.

Eines Tages rief ich einen meiner afghanischen Freunde in Qom an – einer Stadt im Iran, in der ich auf meiner langen Reise gearbeitet hatte. Sein Vater lebte in Pakistan, in Quetta, und ich fragte ihn, ob sich einer seiner männlichen Verwandten vielleicht aufmachen könne, um in Afghanistan nach meiner Familie zu suchen.

»Wenn dein Vater meine Mutter, meinen Bruder und meine Schwester ausfindig machen könnte, bezahle ich ihm das natürlich und gebe ihm genug Geld, damit er alle nach Quetta holen kann.« Vor lauter Begeisterung wartete ich seine Antwort gar nicht erst ab, sondern sprudelte wild drauflos: wo sie wohnten und so, vorausgesetzt sie waren überhaupt noch in Nawa oder zumindest im Hazarajat.

Mein Freund, ein netter Kerl, mit dem ich nach der Fabrikarbeit oft Fußball gespielt hatte, ließ mich reden (ich war total aufgeregt und bekam kaum noch Luft). Als ich endlich geendet hatte, meinte er, er könne diese Informationsflut gar nicht verarbeiten, geschweige denn weitergeben: »Wie wär's, wenn ich dir die Telefonnummer von meinem Vater gebe, und du rufst ihn in Pakistan an und sprichst selbst mit ihm?«

Gesagt, getan. Ich rief ihn an. Sein Vater – den ich von nun an Onkel Asan nennen werde – war wahnsinnig nett. Zunächst einmal meinte er, wegen des Geldes solle ich mir keine Gedanken machen. Sollte meine Mutter – die genauso wenig wisse, ob ich noch am Leben sei, wie ich das von ihr wisse – tatsächlich noch im Hazarajat sein, betrachte er es als seine Pflicht, sie dort ausfindig zu machen.

Ich sagte, dass ich ihn für die Reise und seine Mühen trotzdem bezahlen werde. Dass er es als seine Pflicht betrachte, sei ja gut und schön, aber Geld sei schließlich auch wichtig. Außerdem sei es eine gefährliche Reise in ein Kriegsgebiet.

Ich wartete geduldig. Es verging einige Zeit, und ich hatte die Hoffnung schon fast aufgegeben, als ich eines Abends einen Anruf bekam. Onkel Asan war dran. Er begrüßte mich und erzählte, dass es alles andere als einfach gewesen sei, meine Angehörigen ausfindig zu machen, weil sie Nawa verlassen hätten und innerhalb des Hazarajat umgezogen seien, aber schließlich sei es ihm doch gelungen. Als er meiner Mutter erzählt habe, dass der Vorschlag, nach Quetta zu gehen, von mir stamme, habe sie es kaum glauben können. Mein Bruder genauso wenig. Sie hätten sich geweigert mitzukommen, und er habe sie nur mit Müh und Not überzeugen können. Dann sagte er: »Warte!« Er wollte jemanden ans

Telefon holen. Meine Augen füllten sich mit Tränen, weil ich schon ahnte, wer das sein würde.

»Mama«, sagte ich.

Am anderen Ende war es still.

»Mama«, wiederholte ich.

Aus dem Hörer kam nur ein Seufzer, aber ein erleichterter, tränennasser Seufzer. Da begriff ich, dass sie ebenfalls weinte. Nach acht – acht! – Jahren sprachen wir das erste Mal wieder miteinander, und diese tränennassen Seufzer waren alles, was sich Mutter und Sohn nach so langer Zeit sagen konnten. Wir schwiegen, bis die Verbindung unterbrochen wurde. Damals erfuhr ich, dass sie noch am Leben war, und begriff vielleicht zum ersten Mal, dass auch ich noch am Leben war.

I

Obwohl wir seit acht Jahren nicht mehr miteinander gesprochen hatten, und obwohl meine Stimme inzwischen eine ganz andere war, erkannte mich meine Mutter sofort. Ich selbst konnte mich an ihre Stimme nicht mehr erinnern. Anfangs hatte ich oft noch versucht, sie heraufzubeschwören, jedoch erfolglos, was sehr schmerzlich für mich war. Die Stimmen verschwanden als Erstes, noch vor den Gesichtern und anderen Details. Doch kaum hatte ich sie gehört – und es war zweifellos ihre –, war mir, als könnte ich nach ewigem Luftanhalten endlich wieder frei durchatmen. Ein Zittern durchlief meine Wirbelsäule und explodierte in meinem Kopf.

Wie bereits gesagt, tauschten wir bei diesem ersten Gespräch nur Seufzer aus, bis die Verbindung unterbrochen wurde. Dann rief der Mann noch einmal an und gab mir erneut meine Mutter. Trotzdem waren wir viel zu mitgenommen, um wirklich reden zu können, und brachten nur ein paar gestammelte Worte heraus. Am nächsten Tag, gleich nach der Schule, auf der ich meinen Hauptschulabschluss machte, um dann einen sozialen Beruf zu erlernen, eilte ich in ein Callcenter an der Porta Palazzo ganz in der Nähe und rief sie erneut an.

Ein Mann ging dran, aber nicht Onkel Asan. Ich erklärte, wer ich war, und kurz darauf hatte ich sie wieder am Telefon, ihre Stimme, Sauerstoff pur, der mir im Kopf kribbelte. Da rissen wir uns beide zusammen, um uns nicht weiterhin über siebentausend Kilometer Entfernung hinweg eine Art Schneeballschlacht der Gefühle zu liefern. Und begannen richtig zu reden, Sachen, die einen Sinn ergaben. Zumindest versuchten wir es, und mit der Zeit klappte es tatsächlich immer besser. Ich weiß noch, dass das Gespräch achtundsechzig Cent die Minute kostete. Die Verbindung wurde ständig unterbrochen, sodass ich, wenn ich die Nummer noch einmal wählte, immer wieder Münzen nachwerfen musste. Unter normalen Umständen hätte mich das rasend gemacht, da ich wirklich kein Geld zu verschenken hatte – aber ich war so froh, mit ihr sprechen zu können, dass ich jede Summe gezahlt hätte.

Wie man sich denken kann, hatten wir uns so einiges zu erzählen. Auf beiden Seiten hatte es waghalsige Abenteuer gegeben, über die wir weinen, lachen, erschrecken, erleichtert aufseufzen oder sonst was hätten tun können. Stattdessen taten wir nichts dergleichen. Es war unglaublich, aber ohne darüber zu reden, ohne uns abzustimmen, sprachen wir beide über Nebensächlichkeiten – über meinen und ihren Alltag, also über die Gegenwart, nicht die Vergangenheit.

Mit das Erste, was sie mich fragte, war, ob ich auch genug esse. Man muss sich das mal vorstellen: *ob ich auch genug esse!* Das, was jede x-beliebige Mutter ihren Sohn fragen würde, der gerade wegen eines Schulausflugs oder eines Ferienkurses von zu Hause fort ist. Ich erwiderte, dass ich jede Menge esse, da könne sie ganz beruhigt sein – und dass ich dafür offen gestanden keinen besseren Ort hätte finden können. »Ich bin in Italien, Mama«, sagte ich. »Und ob ich genug esse!«

Wir sprachen über die Familie, die mich aufgenommen hatte, von ihrem Haus, von der Schule. Wie sehr sich meine Mutter freute, als sie hörte, dass ich wieder zur Schule ging! Sie war überglücklich. Ich wiederum wollte alles über meine Geschwister wissen. Es ging ihnen gut, sie waren die ganze Zeit über zusammengeblieben, und meine Schwester hatte geheiratet. *Geheiratet?* Sie hatte eine Tochter. *Eine Tochter?* Ich konnte es kaum glauben. Wir redeten hier von dem Mädchen, das mir das Gesicht abgewischt hatte, wenn ich weinte, und das mir Salbe aufgetragen hatte, wenn ich meinen Klassenkameraden nicht schnell genug hinterherkam und am Flussufer stürzte. Ein Mädchen, das inzwischen allerdings Anfang zwanzig Jahre alt sein dürfte, und in unserer Kultur war es ganz normal, dass sie da Mann und Kinder hatte.

Ich erkundigte mich nach Verwandten und Freunden, die mir wichtig waren. Einige waren gestorben, andere zum Fortgehen gezwungen worden. Wieder andere befanden sich immer noch in Flüchtlingslagern, in denen sie wer weiß wie lange bleiben würden. Von vielen wusste sie nichts mehr. Nur wenige hatten in ihren Häusern bleiben können. Manche waren zurückgekehrt und hatten erneut fortgehen müssen. Im Hazarajat, meiner wunderbaren Heimat, war das Leid nach wie vor allgegenwärtig, in der Luft, die man atmete, in den Straßen voller Schlaglöcher, in den wie Spielzeug aussehenden Landminen, zwischen den Zweigen der Pflaumenbäume und im Opiumrauch. Meine Mutter meinte, ich könne mich glücklich schätzen, überglücklich, da ich so etwas wie einen Geheimtunnel ans andere Ende der Welt gefunden habe. Eine magische Tür. Wie diese Türen, die Mohsin Hamid in *Exit West* beschreibt, einem ganz wunderbaren Roman, den ich unlängst gelesen habe: Man tritt hindurch, und kaum ist man über die Schwelle, findet man sich in Europa oder Amerika wieder.

Das mit der magischen Tür konnte meine Mutter nur deshalb sagen, weil ich ihr noch nichts von meiner Reise erzählt hatte. Hätte ich das getan, hätte sie gewusst, dass es mitnichten eine Geheimtür gab. Es gab keinen Zaubertrick und keine Schwelle, die man mal eben so überschreitet, um hoppla hopp!, wie durch ein Wunder in London zu landen.

Meine Mutter hat mich nie gefragt, was alles passiert ist, nachdem sie mich in Quetta zurückgelassen hatte. Sie hat sich nie danach erkundigt, und ich wollte es ihr nicht erzählen. Sie hat nie erfahren, was ich in diesen fünf Jahren alles durchgemacht habe. Nichts von der Fabrik in Qom, von dem Steinbrocken, der mir aufs Bein fiel und es zerfleischte, von dem Grenzpolizisten, der mir die Uhr klaute, und von seinen Kollegen, die mich an der Grenze zum Iran fast erschossen. Sie hat nie von dem sechsundzwanzigtägigen Gewaltmarsch durch den Schnee in die Türkei erfahren, von den Toten, denen ich die Schuhe stahl, von den drei Tagen, die ich versteckt im Hohlraum eines Lasters quer durch Kappadokien fuhr – mit zwei Flaschen in der Hand: einer zum Trinken und einer, um hineinzupinkeln. Sie hat nie von Liaqat erfahren, der über Bord ging, als wir von Ayvalik nach Lesbos übersetzten, von dem schrecklichen Leben in Athen, den hilflosen

Nächten in Ostia, von der Angst und den Fragen, der Wut und der Ohnmacht. Von der Erschöpfung, die manchmal noch heute an mir nagt wie gewisse Wüstenwürmer. Von den Gespenstern, die mich nachts jahrelang heimsuchten. Ich habe nichts davon erwähnt, ihr nie etwas darüber erzählt. Weil es sie belastet hätte. Und das wollte ich nicht.

Was hätte es schon geändert?

All diese Informationen hätten meine Erinnerungen, geschweige denn die Ereignisse, auch nicht ungeschehen gemacht. Ich habe gesagt, dass die Reise kompliziert war, das schon: der übliche Stress mit den Schleusern – wem kann man schon trauen? Aber dass es nichts bringe, das alles wieder aufzuwühlen. Hauptsache, ich hatte es geschafft. Ich war an einem sicheren Ort, ging zur Schule, hatte Freunde und vor allem die Anerkennung als Flüchtling, sodass ich mir in Europa ein neues Leben aufbauen konnte.

So war es nun einmal. Seit wir wieder voneinander gehört hatten und auch wieder miteinander sprachen, war es, als hätten wir stillschweigend vereinbart, uns auf die Gegenwart und die Zukunft zu konzentrieren, ohne die Vergangenheit, die unsere Gespräche zu ersticken drohte, auch nur zu erwähnen. Denn darüber zu reden, hätte bedeutet, die Herbstnacht im *Samavat Qgazi* in Quetta anzusprechen, in der sie mir drei Versprechen abgenommen hat, um am nächsten Morgen verschwunden zu sein. Es hätte bedeutet, mich entscheiden zu müssen, ob ich wütend auf sie war: ob es da etwas zu verzeihen gab, ob ich ihr bereits verziehen hatte oder ob ich ihr sogar dankbar sein musste. Viel zu kompliziert.

Das bedeutete allerdings, dass auch ich lange nicht wusste, was ihnen zugestoßen war – angefangen von der Rückkehr meiner Mutter aus Quetta über die Anschläge des 11. September und die darauf folgenden Bombardierungen durch die Amerikaner bis hin zu dem Tag, als ein Mann, den ich mit der Suche nach ihr beauftragt hatte, wie durch ein Wunder vor ihrer Tür stand, zusammen mit einer Frau aus Nawa, die sich vor langer Zeit eine Kugel einfing, mitten in die Stirn. Ich weiß, das klingt seltsam, aber dazu später mehr.

So war das.

Eine Geschichte, die mir letztlich meine Schwester erzählt hat, und zwar vor noch gar nicht allzu langer Zeit.

2

Doch bevor ich dazu komme, muss ich erst noch ein paar Informationen über Afghanistan loswerden. Es ist nun einmal so, dass alles von dem Ort abhängt, an dem man geboren wird, und je nachdem, wo der liegt, auch von der Gemeinschaft, der man angehört. Meine Geschichte ist eng mit der Afghanistans und der Hazara verbunden. Deshalb dieser Überblick – ich mach es auch kurz, versprochen!

80 000 v. Chr. – erste Siedlungen der Neandertaler.

60 000 v. Chr. – Wildziegen, einfach überall.

50 000 v. Chr. – Der Homo sapiens taucht in der Region auf.

10 000 v. Chr. – immer noch hauptsächlich Wildziegen.

5000 v. Chr. – Erste Ziegelbauten werden errichtet, die Menschen leben in immer zahlreicheren Gruppen zusammen.

2000 v. Chr. – nichts Besonderes.

1000 v. Chr. – Die riesige Region, die heute Iran, Afghanistan und benachbarte Nationen umfasst, wird zunehmend besiedelt.

Alle möglichen Leute schauen vorbei, und da es sich um eine magische, wunderschöne Landschaft handelt, entstand plus/minus hundert Jahre um diese Zeit der Zoroastrismus, eine Religion, die auf den Lehren von Zarathustra beruht, den Eingeweihte Zoroaster nennen.

500 v. Chr. – Dareios I. von Persien, auch Dareios der Große genannt, Sohn des Hystaspes usw., feiert in seinem Palast in Persepolis das Fest *Nouruz*, also den Tag, an dem die Sonne genau in der Mitte der im Palast errichteten Sternwarte einfällt. Es ist der Tag der Frühlingstagundnachtgleiche, das persische Neujahrsfest, wie es noch heute gefeiert wird.

300 v. Chr. – Alexander der Große fällt mit seinem Heer in die Region ein. Er glaubt, sie leicht erobern zu können, aber da täuscht er sich. Am Ende gelingt es ihm doch. Als Alexander sein neues Reich vom Gipfel eines Berges betrachtete, soll er gesagt haben: In dieser Gegend leben aber wirklich viele Ziegen!

200 v. Chr. – Das mächtigste altindische Reich, das Reich der Maurya, breitet sich im Süden des heutigen Afghanistan aus. Der Buddhismus gelangt in die Region.

100 v. Chr. – Seit Jahrhunderten kommen und gehen die Armeen und Kulturen. Das, was eines Tages Afghanistan genannt werden wird, ist das Herz Zentralasiens. Wegen seiner strategischen Lage beschließt immer wieder jemand, sich

einen Teil davon einzuverleiben: im Süden, im Norden, im Osten, im Westen ... so geht das ununterbrochen weiter.

Das Jahr 0 – Peng!

100 n. Chr. – In dieser Zeit gehört die Region zum Kuschana-Reich, das sich von Tadschikistan am Kaspischen Meer bis zum Ganges-Tal erstreckt.

200 n. Chr. – Man beginnt mit der Errichtung der Buddha-Statuen von Bamiyan. Das sind zwei riesige, fantastische, in den Fels geschlagene Statuen – die eine achtunddreißig, die andere dreiundfünfzig Meter hoch –, von der UNESCO zum Weltkulturerbe erklärt, bevor die Taliban sie zwei Jahre später, am 12. März 2001, in die Luft sprengen. Heute sind nur noch Fotos davon übrig. Und schon die sind der Wahnsinn!

300 n. Chr. – In der Region treiben sich mehrere eurasische Stämme herum.

400 n. Chr. – In der Region treiben sich die Hunnen herum.

500 n. Chr. – Ziegenkäse erfreut sich großer Beliebtheit.

600 n. Chr. – Muslimische Araber besetzen die Region. Das fällt ihnen nicht weiter schwer, denn trotz der in dieser Region hochentwickelten Kultur – sei es nun Ackerbau oder Handel, Wissenschaft oder Medizin, Mathematik oder Philosophie – fehlt

eine zentrale Macht, die in der Lage wäre, die verschiedenen, von lokalen Stämmen regierten Zonen militärisch zu organisieren. Die Araber gehen hart gegen alle vor, die sich nicht zum Islam bekehren wollen. Die angestammte Bevölkerung will das nicht hinnehmen, und es kommt zu zahlreichen Revolten.

700 n. Chr. – Chaos, Schlachten.

800 n. Chr. – Die Araber werden vertrieben. Aber inzwischen hat sich der Islam als Religion durchgesetzt.

900 n. Chr. – Mittlerweile befindet sich das Gebiet in der Hand der Ghaznawiden, einer ursprünglich türkischen Dynastie.

1000 n. Chr. – Es passiert etwas.

1100 n. Chr. – Es passiert noch mehr.

1200 n. Chr. – Die Mongolen des Dschingis Khan, der bescheiden behauptet, die ganze Welt erobern zu wollen, fallen in die Region ein. Ihre Grausamkeit ist berüchtigt. Dschingis Khan plant die Eroberung dessen, was eines Tages Afghanistan heißen wird, äußerst sorgfältig. Er greift mit Zigtausenden von Reitern an. Er belagert die Stadt Balch, ein wichtiges kulturelles Zentrum, das sich sofort ergibt. Die Bewohner öffnen die Stadttore, um die Mongolen einzulassen, die alles in Brand setzen. Für Dschingis Khan kann eine Stadt, die sich kampflos ergibt, nur spurlos vernichtet werden. Dass sie im Lauf der Jahrhunderte eine feste Größe für all jene war, die Philosophie, Astrologie und Mathematik studierten, ja eine der wichtigsten Handelsstationen an der Seidenstraße, spielt für ihn keine Rolle. Als ungefähr fünfzig Jahre später Marco Polo vorbeikommt, beschreibt er Balch als einzige Staubwüste.

1300 n. Chr. – Die Mongolen herrschen hundertfünfzig Jahre über die Region, dann ist Timur am Zug. Der beendet die Epoche der in Asien und Europa einfallenden Reiternomaden.

1400 n. Chr. – Das Übliche.

1500 n. Chr. – Es beginnt die Epoche der aus der Türkei stammenden Safawiden.

1600 n. Chr. – Die Safawiden, immer noch.

1700 n. Chr. – In der ersten Hälfte dieses Jahrhunderts rebellieren die lokalen Stämme und erobern ihre Gebiete zurück. Damals, 1747, entsteht auch das heutige Afghanistan. Heerführer Ahmad Schah Durrani gibt der Region einen neuen Namen: genau, Afghanistan! *Stan* ist eine Endung, die auf Persisch »Land«, »Nation« bedeutet, und *Afghan* ist ein Synonym für die Paschtunen, für den Volksstamm, dem auch Ahmad Schah Durrani angehört.

1800 n. Chr. – Das *Große Spiel* beginnt. So heißt der diplomatische Konflikt (eine Art Generalprobe für den Kalten Krieg) zwischen Großbritannien und Russland um die Vorherrschaft in Zentralasien. Die Briten sind besessen von der Vorstellung, die Russen könnten in Indien einfallen. Aus ihrer Sicht schützen sie dieses Land am besten, indem sie sich einen Teil Afghanistans einverleiben. So wollen sie eine Pufferzone an der Grenze schaffen und ein eventuelles Vorrücken der Kosaken verhindern.

1839 – *Erster Anglo-Afghanischer Krieg.* Der läuft mehr oder weniger so ab: Die Briten versuchen, den Afghanen einen neuen Schah aufzuzwingen, einen ihrer Freunde, den sie an die Macht bringen. Derjenige, der bis dahin an der Macht ist, findet das gar nicht gut. Die Briten marschieren in Afghanistan ein; der alte Schah flieht, und der neue, mit den Briten befreundete, besteigt den Thron. Aber damit ist die Sache noch lange nicht erledigt: Ein paar Jahre lang genießen die Briten ihren Triumph. Sie haben das Sagen und sollen sich gegenüber den afghanischen Frauen nicht gerade wie Gentlemen benommen haben. Das erzürnt nicht nur deren Männer, sondern auch die gesamte Bevölkerung, die sich irgendwann erhebt. Und die Briten verjagt. Das geschieht 1842.

1878 – *Zweiter Anglo-Afghanischer Krieg.* Als ein russisches Diplomatenkontingent Kabul besucht, besinnt sich Großbritannien wieder auf den alten Plan, die Grenzen Indiens zu dessen Verteidigung zu erweitern. Erst versucht man es auf diplomatischem Weg, doch die Afghanen lehnen jeden Vorschlag ab. Da greifen die Engländer erneut zu Gewalt: Sie marschieren ein usw., siegen und kontrollieren von nun an die afghanische Außenpolitik.

1893 – Der Emir Abdur Rahman Khan versucht einen Genozid an den Hazara. Ungefähr sechzig Prozent werden ermordet.

1914 – Ausbruch des Ersten Weltkriegs. Afghanistan bleibt neutral.

1919 – *Dritter Anglo-Afghanischer Krieg.* Amanullah Khan besteigt den Thron. Er ruft einen unabhängigen Staat aus, über den keine fremde Macht mehr bestimmen soll – auch nicht in der Außenpolitik. Er attackiert die englischen Außenposten an der Grenze zu Indien. Nach einigen Scharmützeln erkennt Großbritannien die Unabhängigkeit Afghanistans an.

1921 – Amanullah Khan erlässt die erste afghanische Verfassung. Er ist weit gereist, ein moderner Mann. Königin Soraya und er konzentrieren sich auf die Frauenfrage: Sie ermöglichen auch Mädchen den Schulbesuch, verfügen, dass Frauen ihrer Verheiratung zustimmen müssen, und verbieten Hochzeiten zu alter Männer mit zu jungen Mädchen. Aber diese modernen Vorstöße beunruhigen die religiösen Führer und Konservativen im Land.

1928 – Amanullah Khan und Soraya werden tatsächlich abgesetzt und ins indische Exil geschickt.

1939 – Der Zweite Weltkrieg bricht aus. Afghanistan bleibt neutral.

1945 – Afghanistan gehört zu den Gründungsmitgliedern der Vereinten Nationen.

1965 – In Afghanistan gibt es nach wie vor Adlige, gleichzeitig werden die ersten freien Wahlen abgehalten. Es treten jede Menge konservative, gemäßigte und progressive Parteien an.

1973 – Nach einigen im Großen und Ganzen recht friedlichen Jahren wird die Monarchie, die durchaus noch etwas zu sagen hat, von einem gewaltlosen Staatsstreich hinweggefegt. Daraufhin wird die Republik ausgerufen.

1978 – Fünf Jahre später gibt es wieder einen Staatsstreich, diesmal einen gewaltsamen. Er geschieht im Saur, im zweiten Monat des persischen Kalenders, was in Europa Ende April entspricht: Daher heißt er die Saurrevolution. Eine kommunistisch orientierte Partei ergreift die Macht und sucht sofort Hilfe bei den Russen. Wir befinden uns mitten im Kalten Krieg, und Afghanistan ist für fast alle interessant – einerseits wegen seiner Lage, andererseits wegen bestimmter Bodenschätze. Die Situation eskaliert.

1979 – Die afghanische Regierung zerbricht an inneren Kämpfen und Verschwörungen. Die Russen sind es leid und beschließen, endgültig einen Fuß in die Tür zu bekommen. Im Dezember marschiert die Rote Armee in Afghanistan ein. Die Vereinigten Staaten reagieren, indem sie die Mudschaheddin finanzieren und bewaffnen – patriotische Guerillakämpfer, die sich dem Dschihad verschrieben haben und die Russen vertreiben wollen. Zu den verschiedenen Mudschaheddin gehört auch eine Gruppe, die von einem gewissen Osama bin Laden geführt wird, der 1988 eine fundamentalistische, paramilitärische Bewegung namens al-Qaida gründet. Von ihr wird man noch einiges hören.

1989 – Die Mudschaheddin siegen, nach zehn Jahren Krieg zieht sich die Sowjetunion aus Afghanistan zurück. Jetzt müssten sich die verschiedenen Gruppen einigen und eine neue Regierung bilden, aber da alle etwas von der Macht abhaben wollen, fällt eine Einigung schwer. Afghanistan gleitet in einen jahrelangen Bürgerkrieg ab.

1996 – Da mischt sich die gefürchtetste und fundamentalistischste Gruppe ein: die Taliban. Ihr Anführer heißt Mullah Omar.

2001 – Am 11. September fliegen zwei Linienflugzeuge in das World Trade Center in New York, ein drittes ins Pentagon. Ein viertes, das nach Washington unterwegs ist, stürzt auf freiem Feld ab. Die Vereinigten Staaten werfen den Taliban vor, Osama bin Laden zu schützen. Mit Unterstützung der internationalen Gemeinschaft marschieren sie im November in Afghanistan ein.

Doch aufgepasst, schon vorher, nämlich als die Mudschaheddin die Sowjets mit Unterstützung der Vereinigten Staaten verjagen, geschieht noch etwas Wichtiges: Ich werde geboren. Und während die Taliban in den Neunzigerjahren der gesamten

Nation die Scharia aufzwingen – ihrer Meinung nach Gottes Gesetz, in dem aber Sachen stehen, die meiner Meinung nach kein Gott jemals gutheißen würde, dass man etwa Verbrechern die Füße abschneiden soll oder Frauen ihren Körper unter der Burka verstecken müssen und im Falle eines Ehebruchs gesteinigt werden, dass es zudem verboten ist zu tanzen, zu singen, zu malen und Bücher zu schreiben – also während all das passiert, geht es uns Hazara immer schlechter.

Manche behaupten, dass die Hazara Nachfahren der Armee von Dschingis Khan wären und dafür büßen müssten. Anderen zufolge waren unsere Vorväter Koschani, die legendären Erbauer der Buddhas von Bamiyan, und wieder anderen zufolge stammen wir von den Uiguren ab, einem türkischsprachigen Volksstamm, der im Nordwesten Chinas zu Hause ist. Noch wieder andere sagen, wir seien einfach nur Sklaven, und behandeln uns auch so. Tatsächlich sprechen die Hazara einen persischen Dialekt, in dem sich Worte mongolischen und türkischen Ursprungs wiederfinden, außerdem leben sie in einer Bergregion im Herzen Afghanistans, dem Hazarajat, und zwar seit mindestens fünf Jahrhunderten.

Der erste ernsthafte Versuch einer ethnischen Säuberung geht aufs Ende des 19. Jahrhunderts zurück, auf den Emir Abdur Rahman Khan. Der setzt wirklich alles daran, die Hazara vom Erdboden zu tilgen. Zunächst macht er Aushänge an öffentlichen Plätzen und Märkten. Darin behauptet er, der Pakt mit Großbritannien zwinge ihn, alle inneren Konflikte beizulegen. Daher sei es inakzeptabel, dass die zentralen Hochebenen, die Berge, das Herz des Landes, von einem Volk schiitischer Sünder besiedelt sei (er selbst ist Sunnit).

Und dass er sich der Hazara schäme. Dass die Hazara ein Fleck auf dem Brautkleid der Nation seien. Und dass Gott es dem Emir (sprich ihm) erlaube, unseren Stamm zu verdammen und zu vernichten. Die Aushänge enden mit so freundlichen Sätzen wie »Wohin ihr auch geht, für euch wird es keine Rettung geben« und so weiter und so fort.

Kurz nachdem er sie im gesamten Hazarajat hat anbringen lassen, schickt Rahman Khan seine Truppen, die bewaffnet sind, als gälte es einen gewaltigen Feldzug zu führen. Sie sollen sich eines Gebiets bemächtigen, das vor allem von Bauern und Viehzüchtern besiedelt ist, und die können sich höchstens mit Mistgabeln wehren oder mit Äpfeln und Aprikosen werfen. Da Krieg noch nie eine besondere Stärke von uns war, setzen die Hazara auf eine diplomatische Lösung. In dem Versuch, sich mit dem Emir zu einigen, schicken sie Unterhändler nach Kabul, doch der lässt sie an den Bäumen entlang der Straßen aufhängen.

Nachdem er den Hazarajat bis in den letzten Winkel des letzten Dorfes erobert hat, beschließt Abdur Rahman Khan mein Volk als Tauschware zu missbrauchen, um sich so die Gunst einiger mächtiger Familien und Stämme, mit denen es Reibereien gibt, zu sichern. Er legalisiert den Sklavenhandel mit Hazara und erlaubt, dass die im Hazarajat stationierten Soldaten mit Frauen und Kindern machen können, was sie wollen. Einer von drei Hazara gehört ihm, dem Emir, die anderen dürfen unter seinem Gefolge aufgeteilt werden. Aus allen Landesteilen kommen Leute, um sich für wenig Geld einen Hazara zu kaufen. Bestimmt gab es auch Rabattaktionen! Man geht davon aus, dass der Großteil der paschtunischen

Familien Ende des 19. Jahrhunderts mehr als einen Hazara-Diener hatte und dass damals mehr als sechzig Prozent der Bevölkerung des Hazarajat ermordet, verkauft oder zur Flucht nach Indien, in den Iran, den Irak oder in abgelegene Höhlen im Hinterland gezwungen wurden.

Während der darauf folgenden Aufs und Abs, ruhigeren und schwierigeren Zeiten, bestand das Hauptziel der Hazara darin, sich auf keinen Fall ausrotten zu lassen. Die Taliban versuchten das in den Neunzigerjahren mit besonderer Begeisterung. Es ist ihnen nicht gelungen. Aber als sie diese riesigen, wunderbaren, in den Fels gehauenen Buddha-Statuen sprengten, um nur ein Beispiel zu nennen, ermordeten sie gleichzeitig auch die gesamte Hazara-Bevölkerung der Gegend. Und das, obwohl das ganze afghanische Volk während des zehnjährigen Kriegs gemeinsam gegen die Sowjetunion gekämpft hatte, ganz unabhängig davon, welchem Stamm oder welcher Religion man angehörte. Sogar wir Hazara, die wir Kriegen noch nie etwas abgewinnen konnten, haben unseren Beitrag geleistet. Aber als die Taliban an die Macht kamen, war es wieder die Hölle, so als wäre nichts geschehen, als hätte sich nicht das Geringste geändert und würde sich auch nie ändern.

Die Rohingya in Birma. Die Jesiden im Irak. Die Uiguren in China – alles diskriminierte und verfolgte Völker, häufig wegen Religions- oder Territorialfragen. So läuft das in bestimmten Weltgegenden, die sich durch ständige, hartnäckige Genozidversuche auszeichnen.

3

Bekanntermaßen werde ich meine Mutter Mama nennen, meinen Bruder *Bruder* und meine Schwester *Schwester*. Ich möchte ihre Namen lieber nicht preisgeben. Zum einen weil ich aus einem Ort stamme, wo man aus nichtigem Anlass Gefahr läuft, ermordet oder gefoltert zu werden. Deshalb werde ich die Angst nicht los, dass alles, was ich erzähle, jemanden unfreiwillig gefährden könnte. Zum anderen weil diese Namen uns gehören: Es sind ihre und meine, und ich möchte nicht, dass sie sich abnutzen. Ich kann allerdings so viel verraten, dass meine Schwester in der Familie *Gulpari*, Rosenblatt, genannt wurde. Und mein Bruder *Norband*, Sonnenstrahl, weil er so wunderschön war.

Ich hingegen hieß *Komai*, dicke Bäckchen. Jeder bekommt den Kosenamen, den er verdient!

Aber das Dorf, in dem wir wohnten, nenne ich Nawa, man kann es auf der Landkarte nachschauen. Das bedeutet »Rinne«, weil es am Ende eines schmalen Tals liegt, das von zwei Bergketten eingeschlossen wird. Deshalb dachte ich auch, wir würden bloß die Berge überqueren, als Mama eines Morgens sagte: »Mach dich fertig, wir müssen los«, woraufhin ich fragte, »wohin denn?«, und darauf sie: »Wir verlassen Afghanistan.« Denn für mich war Afghanistan bloß dieses Tal mit den Bächen. Ich hatte nicht die geringste Ahnung, wie groß es wirklich ist.

Später erfuhr ich von meiner Schwester Gulpari, dass sie, die damals vierzehn war, Mama versprechen musste, meinen Bruder während unserer Abwesenheit nicht aus dem Haus zu lassen. Nicht ein einziges Mal, bis zu ihrer Rückkehr. Unsere Mutter sagte zu ihr: »Ich habe der Tante Bescheid gegeben, sie wird auf euch aufpassen. Ums Essen kümmert sie sich, du musst nur einmal am Tag Wasser holen. Geh frühmorgens los, noch vor Sonnenaufgang, da sind am wenigsten Leute unterwegs. Außerdem habe ich euch saubere Kleidung rausgelegt, siehst du? Sie liegt dort unten.«

Meine Schwester fragte nach dem Grund für diesen plötzlichen Aufbruch, und Mama wiederholte die Lüge, die sie sich zurechtgelegt hatte: »Ich bringe Enaiat zu einem Freund eures Vaters, zu einem Künstler, der ihm beibringen wird, Wolle für Teppiche herzustellen.«

»Wo denn?«

»In Quetta.«

»Aber das ist sehr weit weg …«

»Gulpari, das ist keine Frage der Entfernung. Wenn ein Mensch, den du liebst, nicht bei dir ist, kommt einem alles weit weg vor.« Und auf die Frage, wie lange ich dort bleiben müsse, sagte sie: »Wir werden sehen.«

»Und tagsüber? Was sollen Norband und ich so ganz allein machen, während wir im Haus auf dich warten?«

»Ich weiß nicht, meine Tochter. Erfinde Geschichten, erzähl sie deinem Bruder. Du weißt ja, wie sehr er das liebt.«

»Und wenn er weint?«

»Dann gib ihm Enaiats Spielsachen.«

»Das mag Enaiat aber gar nicht.«

»Mach dir keine Sorgen, gib sie ihm einfach. Enaiat wird jetzt ein Mann, er braucht keine Spielsachen mehr. Aber gib sie ihm nicht alle auf einmal, sondern nach und nach, sonst reichen sie nicht, bis ich wieder zurück bin.«

Als wir uns verabschiedeten und mein Bruder gerade im Haus eine Grille zu fangen versuchte, die durchs Fenster hereingekommen war, weiß ich noch genau, wie meine Schwester den Blick nicht von dem Staub abwenden konnte, den der Wind zu ihren Füßen aufwirbelte. Mama legte ihr einen Finger unters Kinn und zwang sie, ihr in die Augen zu schauen. Mit ihrer sanftesten Stimme, mit der sie uns auch immer Märchen erzählte, sagte sie: »Nach dem Abendessen trittst du ans Fenster: Wir werden in denselben Himmel schauen.«

Bis wir in Quetta ankamen, einen Schlafplatz im *Samavat Qgazi* fanden und Mama mir drei Versprechen abnahm, die ich nie mehr vergessen habe, um mich dann zurückzulassen und den Rückweg anzutreten, vergingen zwei Wochen. Als meine Mutter schließlich nach Nawa zurückkehrte, hatte sie für meine Schwester einen Tschador und für meinen Bruder einen unaufgepumpten Fußball dabei – angeblich Geschenke von mir.

Mein Bruder konnte Fußball noch nie etwas abgewinnen, er hat sich einfach nicht dafür interessiert, aber diesen Ball hat er geliebt. Mama transportierte ihn in einer Plastiktüte, aus Platzgründen zusammengefaltet, und er hat ihn nie aufgepumpt: aus Angst, die anderen Kinder könnten ihn ausleihen wollen, woraufhin er vielleicht ein Loch bekommen oder in einer Schlucht landen würde. Aus denselben Gründen hat auch meine Schwester den Tschador nie getragen: um ihn nicht zu ruinieren. Nur manchmal schlang sie ihn sich wie einen Gürtel um die Taille und trug ihn ausschließlich im Haus.

Mein Bruder soll anfangs oft nach mir gefragt haben, bis ich nach und nach in einer Schatten- und Traumwelt verschwand. Wie bei allen kleinen Kindern wechselten sich vage Erinnerungen, die er irgendwo aus den hintersten Winkeln seines Gedächtnisses hervorholte, mit dem Eindruck ab, es hätte mich vielleicht nie gegeben. Er war hin und her gerissen zwischen Sehnsucht nach mir und der Freude darüber, dass ihm jetzt meine Spielsachen gehörten. Aber nicht alle. Einige Knochen fürs *Buzul-bazi*, die schönsten, die in gefärbtem Wasser ausgekocht worden waren, hatte er in ein Säckchen getan und zwischen einem Holzbalken und der Zimmerdecke versteckt. Sollte ich jemals zurückkehren, gäbe es immer noch etwas, das unangetastet geblieben war und nur mir gehörte.

Meine Schwester dagegen erzählte mir, dass es für sie so war, als hätte der Wind sämtliche Farben abgeschliffen – das Wasser war längst nicht mehr so blau und der Schnee grauer. *Lagh* sagt man bei uns, das bedeutet nackt. Ganz so, als merkte man nach dem Fortgang eines Menschen, wie nackt das Haus und die vertrauten Orte sind. Nach dem Abendessen pflegte Gulpari aufs Dach zu klettern, das ein wenig höher war als das der umliegenden Häuser. Dann schaute sie ins Tal und sang ein Lied, dessen Text sie verändert hatte. Und der ging so:

Khodavan bal par medadi mara
azi kotala gozar medida mara
azi kotal gozar aso namusha
ze berar jan khabar medadi mara.

Oh du allmächtiger Gott, verleihe mir Flügel,
damit ich diesen Berg überwinden kann,
denn dieser Berg ist unüberwindlich,
damit ich etwas von meinem Bruder erfahre.

Aber die Zeit verging, und das Leben verlief weiter wie immer, ohne groß um Erlaubnis zu fragen – mit den gleichen hektischen und freudigen Momenten wie immer. Jeder Tag brachte neue Aufgaben und Pflichten, neue Ängste, aber auch den einen oder anderen Grund zu lächeln.

Was im Hazarajat allerdings nie aufhörte, waren die Übergriffe der Taliban. Fundamentalistische Horden, noch tollwütiger als die türkischen Wildschweine in Ayvalik, die ich für wilde Kühe gehalten hatte, wüteten in der gesamten Region. Sie mordeten nach Herzenslust und quälten Bauern und Händler. Ihre Gewaltorgien waren mit meiner Abreise nicht beendet, sondern wurden vielleicht sogar noch schlimmer, falls das überhaupt möglich ist. Auch wenn Mama glaubte, mein Problem – die Sache mit den Schulden und so – gelöst zu haben, indem sie mich weit fort von dem Mann brachte, der mich wie zu Zeiten von Rahman Khan als Sklave halten wollte, trieben die Taliban nach wie vor ihr Unwesen, steinigten Frauen und schnitten alten wie jungen Männern die Kehle durch.

Mama hoffte, in Nawa bleiben zu können, um meine Schwester und meinen Bruder dort großzuziehen, aber dem war leider nicht so. Eines Tages erkannte sie, dass ihr nichts anderes übrig blieb, als fortzugehen: Auch sie mussten fliehen, obwohl Mama Nawa am liebsten niemals verlassen hätte, weil es der einzige Ort war, an dem ich eines Tages nach ihr und meinen Geschwistern suchen könnte. Aber das Leben bestand nur noch aus Mühsal und Angst: schon wenn man das Haus verließ, um zum Brunnen zu gehen, oder für einen Verwandtenbesuch kurz die Straße überquerte, ganz zu schweigen von der Schwierigkeit, zu arbeiten und das nötige Geld für Reis, Seife oder Streichhölzer aufzutreiben.

Heute weiß ich, dass Mama alles Erdenkliche versucht hat, um bleiben zu können, aber es sollte einfach nicht sein. Deshalb packte sie eines Morgens eine Tasche mit den Dingen, die sie mitnehmen wollte, was wahrhaftig nicht viel war, und brach mit meinen Geschwistern nach Ghazni auf.

In einer verlassenen Gegend am Stadtrand, staubtrocken und steinig, gab es ein Flüchtlingslager – eines von der alten Sorte, das bereits seit dem Bürgerkrieg existierte. Dort wollten sie um Aufnahme bitten. Sie waren noch nie da gewesen, sondern hatten nur davon gehört. Sie wussten nicht genau, was sie erwartete, hofften aber, besser geschützt zu sein als in Nawa und mit dem Nötigen fürs tägliche Überleben versorgt zu werden. Leider dauerte es nicht lange, bis sie die tatsächlichen Zustände im Lager kennenlernen durften. Es war ein schrecklicher Ort: schmutzig, heruntergekommen, schlecht geführt. Sogar mein Bruder, der Kleinste von allen, war gezwungen, den ganzen Tag zwischen Geröll im Müll zu wühlen, um herauszufischen, was noch zu verwenden war. Das konnte alles Mögliche sein: Objekte aus Metall oder Plastik, Holz, auch ganz dünne Späne, die nur noch zum Feuermachen gut waren – auf den ersten Blick nutzlose Gegenstände, die ihnen oder anderen jedoch weiterhalfen oder sich eintauschen ließen. Wegen der Dürre war Nahrung knapp. Die Leute verhungerten. Wenn sie *Khamri* backten, unser Fladenbrot, das an das griechische Pita oder das pakistanische *Naan* erinnert, wurde jede Portion millimetergenau aufgeteilt. Jeder Krümel wurde eingesammelt und aufbewahrt.

Doch kaum, dass sie im Lager gelandet waren, passierte mitten in all dem Elend auch etwas Außergewöhnliches: Sie trafen meinen Onkel, Mamas Bruder, und seine Familie. Auch sie waren auf der Suche nach etwas, vielleicht sogar nach etwas Glück, aus Nawa fortgegangen, und zwar schon bevor mich meine Mutter nach Quetta gebracht hatte. Seitdem hatten sie sich nicht mehr gesehen und keine Nachricht mehr voneinander gehabt. Sich inmitten all der Menschen und all der Verzweiflung in diesem Lager wiederzubegegnen, war, wie am heißesten Tag des Jahres ein Bad im Fluss zu nehmen.

In diesem Flüchtlingslager in Ghazni blieben sie drei Monate. Dann hielten sie es dort nicht mehr aus. Sie beschlossen, gemeinsam mit dem Onkel und einigen Cousins ein anderes

Auffangzentrum in Kabul aufzusuchen, wo angeblich alles besser funktionierte, eines von denen, die von Menschenrechtsorganisationen geführt werden. Es ging das Gerücht – in meinem Teil der Welt sind Informationen häufig kaum mehr als Gerüchte, die sich allmählich in Legenden verwandeln –, dass dort jede Familie ein eigenes Zelt bekäme; dass jede Woche Reis und alle drei Monate Pflanzenfett zum Kochen ausgegeben würden; dass die Kinder zur Schule gehen könnten; dass ehrenamtliche Ärzte hin und wieder einen Blick auf die Kranken werfen würden; dass es Trink- und Waschwasser im Überfluss gäbe.

Teils stimmte das sogar, aber durchaus nicht alles. Es genügte jedoch, um Mama und den Onkel davon zu überzeugen, dass weder Zeit noch Schweiß noch Schuhsohlen verschwendet waren, wenn sie von Ghazni nach Kabul gingen. Fest steht jedenfalls, dass es an diesem Ort auch kein Zuckerschlecken war.

Im Winter fror einem alles ab, die Zelte waren nicht beheizt, und aus Angst vor Bränden durfte man in ihrem Innern kein Feuer machen. Jeder hatte nur eine Wolldecke, die von der Lagerleitung ausgegeben wurde. Eine einzige. Es dauerte nicht lange, bis Mama und der Onkel feststellten, dass die Leute in der kalten Jahreszeit mehr Zeit mit dem Ausheben von Gräbern als mit dem Trinken von Chai verbrachten. Mit dem Aufgraben der hart gefrorenen Erde, die auch so schon hart genug ist, aber noch härter wird, wenn man alte Menschen beerdigen muss, die unter normalen Umständen gar nicht mal so alt wären, oder Kinder, die noch nie in ihrem Leben einen Drachen haben steigen lassen, weil die Taliban sogar das verboten, oder aber Mütter, die ihren Kindern die einzige Decke geliehen hatten.

So war das im besten aller Lager.

Bis der Onkel nach einigen Monaten auch von diesem Ort die Nase voll hatte und beschloss, erneut aufzubrechen und mit seiner Familie in den Iran zu gehen. Damals wusste ich noch nicht, und hätte es auch nicht wissen können, dass er nach Isfahan wollte, in die Stadt, in der ich zur selben Zeit auf einer Baustelle arbeitete. Wer weiß, vielleicht haben sich unsere Wege ja sogar gekreuzt? Wir werden es nie erfahren. Vielleicht wartete ja »Onkel« Hamid, der für illegale Arbeiter wie mich einkaufen ging, neben meinem Onkel in der Schlange beim Bohnenverkäufer. Man stelle sich vor, was alles hätte passieren können, wenn sich auch Mama zu dieser Reise entschlossen hätte! Man stelle sich vor, sie wäre an meiner Baustelle vorbeigelaufen und hätte, ohne stehen zu bleiben, den Wunsch verspürt, auch einmal in so einem Haus zu leben, während ich hinter der Mauer Mörtel anmischte und ein Loch buddelte, um die Plastiktüte mit meinem Lohn zu vergraben. Soweit ich weiß, ja soweit ich es selbst erlebt habe, schreckt der Zufall nicht davor zurück, absurder und dreister zu sein, als wir es je für möglich gehalten hätten.

Aber sie wollte nicht so weit fort. Schon Kabul war für sie ewig weit weg von ihrem geliebten Hazarajat. Und da sie nicht wusste, dass ich in den Iran, nach Isfahan, gegangen war, glaubte sie – auch wenn es höchst unwahrscheinlich war, dass wir uns je wiedersehen würden –, dass ein solches Wunder mit jedem Meter, den sie zurücklegte, in weitere Ferne rücken würde.

Obwohl sie das nie gesagt hat, glaube ich, dass sie es immer wieder bereut hat, mich nach Quetta gebracht zu haben. Ich glaube, dass sie sich abends, eingehüllt vom Gemurmel aus den Nachbarzelten, oft bei dem Gedanken ertappte, dass ich noch bei ihr sein könnte, wenn sie nur gewartet und eine andere Lösung für diese schwierige Lage gefunden hätte. Dann wären wir wenigstens zusammengeblieben. Aber wer weiß schon, was besser ist und was schlechter? Wer weiß schon, was die Zukunft bringt? Sie wollte mich der Straße übergeben, um mir das Leben zu retten und es meinem Bruder und meiner Schwester tunlichst zu ermöglichen, in dem Haus bleiben zu können, in dem sie geboren worden waren, in der Geborgenheit der eigenen Geschichte, der eigenen Erinnerungen. Sich so etwas einzubilden, mit einer solchen Naivität, ist eine Illusion, die sich auch bei uns nur diejenigen erlauben können, denen Liebe und fehlende Bildung den Blick vernebeln. Einfache Leute, die es gewohnt sind, auf Glück und Magie zu vertrauen, statt die Realität zu analysieren, da ihnen nie jemand gezeigt hat, wie das geht. Leute wie meine Mutter.

Den Frühling über blieben sie also im Flüchtlingslager, meine Mutter, Norband und Gulpari, und auch den darauf folgenden Sommer über, bis es erneut Herbst wurde (der Herbst des Jahres 2001) – die Jahreszeit, wenn der Himmel normalerweise klarer ist als sonst. Nur dass er in jenem Jahr von einem Tag auf den anderen von riesigen Flugzeugen verdunkelt wurde, die Bomben und Geschosse abwarfen. Meine Schwester kann sich noch gut daran erinnern. Sie ist es auch, die mir davon erzählt hat. Sie sagt, sie hätten sie an Fliegen erinnert: an riesige Schmeißfliegen, die im Flug immer wieder neue gebaren. Die amerikanische Luftwaffe. Die Reaktion auf die Anschläge vom 11. September.

Das geschah ganz plötzlich, so als hätte sich ein Vorhang geöffnet, um den Blick auf die Darsteller freizugeben, die stumm zwischen den Bühnenrequisiten gewartet hatten. Sie waren längst da, nur dass man nichts davon geahnt hatte.

Anfang Oktober war das. Einen Monat lang verdüsterte sich der Himmel über den Menschen und fing Feuer. Flammen und Rauch stiegen von Stadt und Umland auf. Gab es dort vielleicht eine Taliban-Basis? Raketenbeschuss. Gab es dort etwas, das so aussah wie eine Taliban-Basis? Raketenbeschuss. Fuhr ein Auto vorbei? *Wer ist da drin? Egal, Feuer frei!*

Noch mehr Raketenbeschuss. Tag und Nacht, auf alle und alles. Tausende von Toten, darunter viele Zivilisten. Die offizielle Statistik spricht von fast fünftausend Opfern in den ersten vier Monaten der Bombardierungen, andere gehen sogar von bis zu zwanzigtausend Zivilisten aus, die in diesem ersten Kriegsjahr infolge von Anschlägen, Verletzungen, Hunger und unbehandelten Krankheiten ums Leben gekommen sind.

In diesen Tagen glaubte das gesamte afghanische Volk, sterben zu müssen und höchstens noch Zeit zu haben, ein letztes Wort an Gott zu richten, falls es noch etwas zu beichten gab, und dann tschüs. Und das nicht nur in der Hauptstadt Kabul, auf die die Amerikaner ihre Angriffe konzentrierten, um die Taliban zu zwingen, die Regierungsgebäude zu verlassen, sondern auch in den Tälern, auf dem Land, in den entlegensten Provinzen. Vielleicht war es ein Nachmittag wie jeder andere, nicht ruhiger und nicht hektischer als sonst, ein Nachmittag, an dem kurz zuvor noch Vögel zwitscherten, Ziegen durchs Gras streiften und jemand zum Fluss hinunterging, um Wasser zu holen oder *Pirhan* auf die zwischen Pfirsichbaumäste gespannte Wäscheleine zu hängen. Und unmittelbar darauf: Explosionen, Schüsse, Flammen, Schreie, Tiere auf der Flucht, Blutgestank. Man saß gerade im Hof und palte Erbsen, spürte die warme Sonne im Gesicht und hatte die Augen halb geschlossen, um eine Sekunde später nach seinen Kindern zu rufen, zu brüllen, zu beten, gerade mal genug Zeit zu haben, ein paar Habseligkeiten in eine Tasche zu werfen, sich wieder aufzurappeln, da man in der Hast über den Eimer gestolpert war, um dann durch den Straßenstaub zu rennen, an jeder Hand ein Kind, die Kleinen auf den Schultern der Großen, die Alten am Stock: »Bitte mach, dass sie nicht auf uns schießen, bitte mach, dass sie nicht in unsere Richtung schießen.«

Dann leerte sich der Himmel nach und nach, und die Flugzeuge verschwanden, wie mir meine Schwester erzählte. Die Angriffe wurden seltener, und die Erde hörte auf zu beben. Ihre erste Erinnerung an die Zeit danach ist Musik. Auf einmal hörte sie Musik, was schon seit Jahren verboten war (mit Ausnahme der aus den Moscheen und aus den Mündern der Muezzin). Die Musik war einfach überall. Sie drang aus den Häusern und unter den Steinen hervor. Es war, als versuchte jede einzelne *Rubab* und jede einzelne *Dambura*, die jahrelang im Schrank versteckt worden waren, die Melodie der anderen aufzunehmen. Aus den Radios plärrten Lieder von Dawood Sarkhosh und Ahmed Zamir sowie indischer und pakistanischer Pop.

Die Amerikaner stiegen vom Himmel herab, man sah sie nun auch in den Straßen.

Auf einmal war Kabul eine ganz andere Stadt.

4

Mithilfe mehr oder weniger intelligenter Bomben hatten die Vereinigten Staaten nicht lange gebraucht, um die Taliban-Regierung zu stürzen und al-Qaida zu zwingen, sich woanders zu verschanzen (zum Beispiel im Tora-Bora-Höhlenkomplex in den »weißen Bergen« im Osten Afghanistans) oder ihre Stützpunkte nach Pakistan zu verlegen, wo die Navy SEALs, eine Spezialeinheit der amerikanischen Marine, Osama bin Laden 2011 schließlich aufstöberten und töteten. Aber das hieß einfach nur, eine von vielen Schlachten gewonnen zu haben, nicht hingegen den Krieg. Im Grunde hatten sie bloß Krümel vom Tisch gewischt, sie zu Boden gefegt und im ganzen Zimmer verteilt. Aber deswegen waren die Krümel noch lange nicht weg. Schon bald wurde die Lage noch komplizierter. Die Taliban und andere radikale Gruppen begannen sich neu zu organisieren und Teile des Landes zurückzuerobern. Der Krieg wurde zum Guerillakrieg, und wie man weiß, sind die Leidtragenden in einem Guerillakrieg immer die Zivilisten, die armen Leute, diejenigen, die zwischen die verfeindeten Fronten geraten.

In den Achtzigerjahren befürchteten die Russen, Afghanistan könnte ihr Vietnam werden, und sie hatten recht: Genau das geschah. Die Amerikaner hingegen hatten nach Vietnam wieder an Selbstvertrauen gewonnen, und zwar dank des erfolgreichen Ersten Golfkriegs. Sie waren fest davon überzeugt, das Problem in Afghanistan ebenso rasch lösen zu können wie das im Irak – aber dem war nicht so. Der Krieg in Afghanistan wurde zum längsten und teuersten ihrer gesamten Geschichte.

Eines Tages, als man im Flüchtlingslager in Kabul Schneeluft witterte, Monate nach Ankunft der Amerikaner, nahm Mama meine Schwester und meinen Bruder beiseite und zog sie ins Zelt, ins Warme – insoweit es in diesem Zelt überhaupt warm werden konnte. Sie befahl ihnen, sich zu setzen, und verkündete ihren Entschluss, nach Nawa zurückzukehren, um zu gucken, wie sich die Lage dort entwickelt hatte.

Mein Bruder sprang sofort begeistert auf und rief: »Ja, das ist ja eine wunderbare, fantastische Idee! Glaubst du, Rahim ist noch da? Und Liaqat? Und Suleyman? Ich kann es kaum erwarten, Suleyman wiederzusehen, ich habe ihm so viel zu erzählen, zum Beispiel wie wir damals …«

»Nein«, sagte Mama und hob sanft die Rechte. »Besser, ich gehe allein dorthin. Ihr wartet solange hier auf mich.«

Mein Bruder schaute drein wie ein trauriges Kamel, eine Miene, die nur er beherrschte und an der er hart gearbeitet hatte. Wer sich darunter nichts vorstellen kann, braucht nur an ein Kamel zu denken, das unter der sengenden Wüstensonne dahinschmilzt. »Ich will mit!«, brummte er.

»Wieso willst du alleine aufbrechen?«, fragte meine Schwester und pulte getrocknete Erde von ihrem Tschador. Sie war sichtlich unzufrieden. Die Vorstellung, ohne Mama im Lager bleiben zu müssen, gefiel ihr ganz und gar nicht. Außerdem war sie beunruhigt, da sie wusste, dass die Reise nicht ganz ungefährlich war – wie alles zu dieser Zeit.

»Weil ich nicht genau weiß, was ich dort vorfinden werde. Sollte es doch nicht möglich sein, nach Hause zurückzukehren, ist es besser, dieses Zelt nicht zu verlieren. Ihr müsst es besetzt halten.«

»Aber wir …«

»Was?«

»Wir wollen nicht ohne dich hierbleiben.«

»Ich weiß. Ich komme bald wieder, Gulpari, das verspreche ich dir. Oder ich lasse euch abholen. Sorayas Familie wird sich um euch kümmern. Wir haben das bereits besprochen. Soraya und du seid gute Freundinnen, und ihre Eltern sind äußerst hilfsbereit.«

»Und wenn dir etwas passiert?«

»Mir wird nichts passieren.«

»Aber wenn doch?«

»Dann ist es besser, wenn nur mir etwas passiert, Gulpari. Aber du wirst sehen, alles wird gut. Ich werde mit der Familie Homayoon mitgehen, in der Hoffnung, dass es ruhig bleibt. In Nawa hoffe ich, wenigstens eine eurer Tanten vorzufinden. Dann werde ich wissen, was das Beste ist.« Mama seufzte und spähte durch den Spalt in der Zeltplane zum Himmel empor. »Es wäre schön, wieder in unser altes Haus zurückkehren zu können.«

»Ja, das wäre schön«, pflichtete ihr meine Schwester bei.

»Ich würde so gern Suleyman wiedersehen«, sagte mein Bruder. »Außerdem sind da noch Enaiats Spielsachen, die ich auf dem Dachbalken versteckt habe.«

»Welche Spielsachen?«

»Die bunten Knochen fürs *Buzul-bazi.*«

»Ba midi khoda«, bestätigte sie. »Mal schauen, was das Schicksal für uns bereithält.«

Und tatsächlich, unser Haus gab es noch, sogar die bunten Knochen, und die Lage in Nawa war auch nicht schlechter als im Flüchtlingslager in Kabul. Zwei Wochen später schickte Mama Sorayas Eltern eine Nachricht. Sie sollten meine Schwester und meinen Bruder doch bitte den Hazara-Familien anvertrauen, von denen sie wusste, dass sie sich ebenfalls auf die Rückkehr in unsere Heimat vorbereiteten.

Nach Nawa zurückzukommen war für alle drei eine Riesenfreude. Dort kündete jeder Stein von ihnen und unserer Familie. Mama gefiel es, inmitten von Geistern zu leben; auf einer Treppe zu rasten, die das Echo der Schritte meines Vaters bewahrt hatte; sich am Rand eines Weges auszuruhen, den sie mit einem bestimmten Nachmittag in ihrer Jugend verband; Freundinnen und Verwandte zu besuchen – zumindest jene, die nicht gestorben oder geflohen waren. Damals kehrten immer mehr von ihnen zurück. Und dann waren da noch die alten Spielkameraden meiner Geschwister – alles Dinge, die dazu beitragen, dass man sich heimisch fühlt.

Nicht, dass die Gefahr gebannt gewesen wäre, im Gegenteil: Den Taliban war es nie gelungen, die lokalen Banditen wirklich zu kontrollieren. Gut, auf nationaler Ebene herrschten sie nicht mehr, so gesehen waren sie durchaus besiegt. Sie ließen sich auch nicht mehr in der Öffentlichkeit blicken. Aber in der Provinz, auf dem Land, wimmelte es nach wie vor von diesen Idioten, die – wie eine Freundin von mir so schön sagt – in den Krieg ziehen, weil sie keine Liebe machen können und ihren Frust an anderen auslassen müssen. Gesindel, mit anderen Worten, dessen größte Befriedigung darin besteht, herumzuballern, Leuten die Kehle durchzuschneiden oder sich in die Luft zu sprengen – in der festen Überzeugung, sich auf diese Weise zweiundsiebzig Jungfrauen und eine Schachtel Bonbons zu sichern. Abschaum, mit dessen religiösen Überzeugungen es beim Anblick eines Geldbündels nicht weit her war – nur dass so etwas in den Taschen meiner Mitbürger eher Mangelware war.

Und als wäre das nicht genug, kam damals auch noch die Sorge um die Dürre hinzu, die inzwischen bereits seit drei Jahren anhielt und keinerlei Anstalten machte, so bald zu verschwinden. Es wurde immer schwieriger, den Feldern etwas abzuringen. Die Brunnen waren versiegt, Trinkwasser ein kostbares Gut, und in der Erntezeit ließen sich die Bäume die Äste lieber vom Wind brechen, als sich der Enttäuschung in den Augen der Bauern stellen zu müssen.

Viele erzählten, dass die Lage in bestimmten Gegenden des Hazarajat, die von Gletschern und unterirdischen Quellen besser gespeist wurden, nicht so dramatisch war. Aber Mama wollte nicht noch einmal aufbrechen. Schon wieder umziehen? Schon wieder inmitten von Fremden leben? Nein, danke. Vier Jahre harrte sie mit meinen Geschwistern unter diesen Bedingungen aus. Bis 2005. Sie harrten aus, solange es ging, denn abgesehen von dieser Mühsal gab es nichts Schlimmeres, als erneut entwurzelt zu werden. Aber irgendwann konnten sie einfach nicht mehr. Sie schauten sich um, stellten

Nachforschungen an und wirbelten dann zum vierten Mal innerhalb von fünf Jahren Staub auf, als sie mit anderen Familien zu einem Tal weiter im Landesinneren aufbrachen, wo es angeblich noch Wasserreserven und verlassene Häuser gab, die man übernehmen konnte.

Während sie sich zum x-ten Mal aufmachten, war ich gerade in Italien gelandet. Ich wusste nicht, wo sie steckten, wie es ihnen ging, und offen gestanden dachte ich damals auch noch nicht groß darüber nach: weil es wehtat, an sie zu denken, und weil ich noch nicht vor der Kommission erschienen war, die zu bestimmen hatte, ob ich als Flüchtling anerkannt werden würde oder nicht. In dieser Zeit konzentrierte ich mich lieber auf mich selbst und darauf, nicht lockerzulassen in meinen Bemühungen, die darin bestanden, zu lernen, was das Zeug hielt.

Heute weiß ich jedoch, um nur ein Beispiel zu nennen, dass meine Schwester damals, als ich Italienisch lernte, heiratete und ihre erste Tochter zur Welt brachte. Dass sie und ihr Mann sich darauf vorbereiteten, nach Pakistan auszuwandern. Heute weiß ich, dass das eine Zeit war, in der ich, wenn ich Hunger hatte, kaum mehr zu tun brauchte, als zum Kühlschrank zu gehen, während sie nur etwas auf den Tisch bringen konnten, wenn sie auf dem Markt eine Decke auf dem Boden ausbreiteten und etwas von dem Plunder zu verkaufen versuchten, den mein Bruder im Müll gefunden hatte. Während ich jede Möglichkeit nutzte, um auf mich aufmerksam zu machen, meine Geschichte zu erzählen und von Afghanistan und den Hazara zu berichten, waren sie gezwungen, sich zu verstecken. Der Gedanke, ihren Schmerz zu schildern, ihn in die Welt hinauszuschreien, wäre ihnen niemals in den Sinn gekommen.

Bis ich Onkel Asan 2008 bat, sich auf die Reise zu begeben, und er einwilligte.

Zunächst einmal ließ sich Onkel Asan, der in Quetta in einem Viertel namens Hazara Town lebte, das nur von Hazara bewohnt war, von Schleppern über die Grenze bringen. Anschließend besuchte er verschiedene Flüchtlingslager, wo man am leichtesten an Informationen kam, weil jedes Lager seine Bewohner registriert. Nachdem er meine Familie dort nicht fand, fuhr er nach Nawa. Dort ging er von Haus zu Haus und fragte jeden, ob er die Familie eines gewissen Enaiatollah Akbari kenne. Doch seit meinem Fortgang war jede Menge Zeit verstrichen, und es war so viel passiert, dass nicht mehr viele Menschen übrig waren, die sich noch an mich erinnerten. Und selbst wenn, hätte es niemand gewagt, den Mund aufzumachen, geschweige denn den Ort zu nennen, an den Mama und meine Geschwister gezogen waren. Es herrschte wieder ein Klima wie während des Bürgerkriegs, wo unter Umständen sogar Verwandte unter einem Dach lebten, die aus politischen Gründen miteinander verfeindet waren, weshalb man niemandem traute. Freie Meinungsäußerung war ein Luxus, den man sich nicht leisten konnte. Das Spionagesystem der Taliban war Furcht einflößend und weit verbreitet. »Senkt die Stimme«, sagten die Alten, »selbst wenn ihr allein vor einer Mauer steht, denn in der Mauer leben

Mäuse, und auch Mäuse haben Ohren. Vergesst nie, dass es drei Arten von Feinden gibt: den Feind, die Freunde deines Feindes und deine Freunde.«

So war die Stimmung, als Onkel Asan sich in Nawa umhörte. Ich kann ihm gar nicht genug danken für seinen Mut.

»*Salaam, Sahib.* Kennen Sie einen Jungen namens Enaiatollah Akbari? Wissen Sie, wo ich seine Familie finden kann?«

»Wen?«

»Enaiatollah Akbari.«

»Nie gehört.«

»Er ist in Nawa geboren. Seine Familie stammt von hier. Heute lebt er in Italien. Er hat mich gebeten, sie ausfindig zu machen.«

...

»Sie kennen sie also nicht?«

»Wie schon gesagt, nein.«

»Sind Sie aus Nawa, *Agha Sahib*?«

»Ich?«

»Ja.«

»Wieso fragen Sie?«

»Wissen Sie, an wen ich mich wenden könnte, um Informationen über diese Familie einzuholen? Es ist wichtig. Der Sohn verlässt sich darauf, dass ich sie wiederfinde.«

»Nein, keine Ahnung.«

»Na gut. *Khoda negahdar, Sahib.* Trotzdem danke.«

»*Agha Sahib, Agha Sahib*, entschuldigen Sie, darf ich Sie etwas fragen?«

»Legen Sie los.«

»Ich suche nach der Familie eines Jungen.«

»Welches Jungen?«

»Enaiatollah Akbari.«

»Nie gehört.«

»Er hat hier in diesem Dorf gelebt, als er klein war, dann ist er fortgegangen.«

»Und was geht mich das an?«

»Ich weiß nicht, vielleicht kannten Sie ja seinen Vater.«

»Wieso stellen Sie mir diese Fragen?«

»Nun, Enaiatollah ist in Italien gelandet und möchte Kontakt zu seiner Familie aufnehmen. Akbari, sagt Ihnen das nichts? Sein Vater ist tot. Ich suche die Mutter, außerdem den Bruder und die Schwester, sie sind vermutlich …«

»Ich weiß nicht, von wem Sie reden.«

»Oh!«

…

»Andererseits habe ich gehört, dass Sie seit jeher hier wohnen und ein wichtiger Mann sind.«

»Da wurden Sie falsch informiert.«

»Dann muss ich mich wohl geirrt haben …«

»Ja.«

»Entschuldigen Sie. Aber kennen Sie denn jemanden, der mir weiterhelfen kann?«

»Sie sind nicht von hier, oder?«

»Ich stamme aus dem Hazarajat, lebe aber seit vielen Jahren in Pakistan.«

»Und was wollen Sie hier?«

»Wie ich Ihnen bereits erklärt habe, suche ich nach der

Familie dieses Jungen, Akbari. Er ist ein Freund meines Sohnes, sie haben sich im Iran kennengelernt …«

»*Mowafaqh basci*, guter Mann, das dürfte schwierig werden.«

»Ich weiß, aber …«

»Viele Leute sind für immer fortgezogen. Sie sind gegangen und nicht wieder zurückgekehrt. Die Leute, die Sie suchen, können überall sein, vielleicht sind sie sogar tot.«

»Ich glaube, das weiß Enaiatollah. Aber dann würde ich es ihm gerne sagen. Nachdem er den Schmerz verarbeitet hat, findet er vielleicht Frieden. Wissen Sie, wen ich fragen könnte?«

»Ich kann Ihnen einen Chai anbieten, wenn Ihnen das weiterhilft.«

»Ein Chai ist immer ein Trost, danke. Und sonst?«

»Was sonst?«

»Was raten Sie mir?«

»Dorthin zurückzukehren, wo Sie hergekommen sind.«

Onkel Asan war oft drauf und dran, aufzugeben. Niemand traute ihm, niemand gab Informationen preis. Einerseits weil die Auskunft, von mir geschickt worden zu sein, von einem vor vielen Jahren verschwundenen Sohn, weniger wie eine rührende Tatsache als wie ein grottenschlechter Vorwand oder eine Spukgeschichte klang. Andererseits weil Mama tatsächlich nur äußerst wenigen Leuten gesagt hatte, wohin sie ging: um sich und meine Geschwister zu schützen, aber auch um die anderen nicht zu gefährden, sollte denn jemand – vielleicht ein Fremder wie Onkel Asan – Fragen stellen. Je weniger sie wussten, desto weniger waren sie zum Lügen gezwungen.

Denn wenn die Taliban jemanden suchten, machten sie vor nichts halt. Sie entführten Leute und verhörten und folterten sie. Es war nicht auszuschließen, dass man, nachdem man abgestritten hatte, über eine bestimmte Informationen zu verfügen, von den Taliban oder ihren Kollaborateuren einfach zum Spaß misshandelt wurde – oder weil sie sicherstellen wollten, dass man auch wirklich die Wahrheit sagte. Wenn der Gefangene dann während der Folter oder angesichts der Folter eines Sohnes, eines Enkels oder einer Schwester irgendwann verständlicherweise einknickte und ihm so etwas herausrutschte wie, »Es reicht, es reicht, ich flehe euch an, ist ja gut, ich weiß es, ich weiß, wo er sich versteckt«, verriet er nicht nur denjenigen, der ihm vertraut hatte, sondern musste sich von den Taliban noch anhören: »Aha, du wusstest also längst Bescheid, du Schlange! Du hast gelogen! Wenn wir dich nicht gefoltert hätten, hättest du uns nichts gesagt!«

Woraufhin sie ihn nach der Folter und nach dem Verrat trotzdem töteten.

Für Onkel Asan ging es tagelang so weiter, bis auf einem Platz mit einem Granatapfelbaum in der Mitte ein Ohrenpaar zufällig mitbekam, wie er die üblichen Fragen stellte – »Ich suche die Familie eines Jungen usw.« –, und dieses Ohrenpaar gehörte einem jungen Mann, mit dem ich als Kind gut befreundet war.

Er wurde Timur Leng genannt, Tamerlan, weil er hinkte wie der berühmte mongolische Militärführer. Das rührte angeblich daher, dass seine Familie bei einer der vielen Hungersnöte, die Afghanistan regelmäßig heimsuchen (und die für ein Volk von Bauern und Viehzüchtern natürlich die reinste

Katastrophe sind – Hungersnöte, die durch den heutigen Klimawandel nur noch verschärft werden), genauer gesagt bei einer Hungersnot, bei der die Taliban die Grenzen des Hazarajat geschlossen hatten, um uns krepieren zu lassen, zu viele Bohnen gegessen habe. Das habe eine Fehlbildung verursacht, auf die das Hinken zurückzuführen sei. Keine Ahnung. Vermutlich war das bloß eine der Geschichten, die man sich so erzählt. Auf jeden Fall war Timur Leng der schlaueste und charismatischste meiner Freunde, einer von denen, die einen immer wieder rumkriegen. Da er nicht rennen konnte, erfand er zum Beispiel neue Spiele, die uns zwangen, stillzuhalten – nicht nur während der endlosen *Buzul-bazi*-Würfelturniere, sondern auch sonst: So versuchten wir, Steine durch alte Reifenmäntel zu werfen oder mit geschlossenen Augen die Quelle eines bestimmten Geräusches zu erraten, solche Sachen. Außerdem war er ein Sammler. Timur Leng sammelte Gegenstände, Geschichten, Geheimnisse. Er bekam alles mit und vergaß nichts. Er summte von Anekdote zu Anekdote wie eine Biene von einer Blume zur nächsten. Den Charakter eines Menschen durchschaute er, indem er ihm mit seinen durchdringenden Augen in die Seele blickte. Er wusste sofort, aus welchem Holz man geschnitzt war, und witterte Hintergedanken wie ein Yak-Junges. Wenn man ihn nicht ärgerte, war er der beste Freund, den man sich vorstellen kann. Andernfalls kannte er tausend Tricks, wie er einen ausschließen oder dafür sorgen konnte, dass man sich nicht mehr wohlfühlte, woraufhin man freiwillig abzog. Mit anderen Worten, er war der geborene Anführer, genau wie Tamerlan.

So kam es, dass Onkel Asan, der schon seit Tagen das ganze Dorf samt Umgebung abklapperte, eines Morgens diesen Jungen bemerkte, der ihm hartnäckig hinterherhinkte und ihn, wenn er mit den Leuten sprach, im Schutz der Mauern belauschte. Er witterte schon einen Spion irgendeines lokalen Machthabers.

An einer Kreuzung passte er ihn ab. »Was willst du?«, sagte er ihm geradewegs ins Gesicht. »Hast du mir irgendetwas mitzuteilen? Ich habe dich nämlich gesehen. Seit die Sonne über den Baumwipfeln steht, folgst du mir wie eine Ratte.«

»Nein, ich wollte bloß wissen …«

»Was?«

»Wer Sie sind«, erwiderte Timur Leng. »Warum Sie nach dieser Familie suchen.«

»Kennst du sie?«

…

»Ich möchte den Leuten doch nichts antun!«, seufzte Onkel Asan. »Im Gegenteil! Wenn ich sie finde, bringe ich Enaiat die beste Nachricht seines Lebens. Und, kennst du sie?«

»Kann sein. Kann aber auch nicht sein.«

»Na, wenn das so ist, hilft mir das wenig …«

»Erzählen Sie mir mehr«, sagte Timur Leng. »Vielleicht fällt mir ja noch etwas ein.«

»Stell mir Fragen.«

»Was wissen Sie über diesen Jungen?«

»Über Enaiatollah?«

Timur Leng nickte.

Onkel Asan wiederholte erneut, was ich ihm erzählt hatte: wann ich von zu Hause fortgegangen war und warum. Außerdem berichtete er von meiner Freundschaft mit seinem Sohn. Wie bereits gesagt, Timur Leng konnte einem in die Seele schauen, und bei Onkel Asan muss er jedes Quentchen Mut und Güte, das dieser in sich trug, zutage gefördert haben.

So kam es, dass Onkel Asan erneut aufbrach. Erst nach einem viertägigen Fußmarsch erreichte er die Region des Hazarajat, in der Mama ein neues Zuhause gefunden hatte. Kaum war er dort angekommen, spulte er die übliche Litanei ab. Aber wieder wusste angeblich niemand etwas, niemand wollte mit Hinweisen herausrücken. Der Moscheewächter schlug ihm vor, am Freitag zurückzukehren, da dann viele zum Gebet zusammenkämen. Es herrschte eine festliche Atmosphäre. Der Duft von Gewürzen lag in der Luft, und es wurde angeregt geplaudert. Onkel Asan entdeckte ein paar ältere Leute und trat näher, wurde jedoch rasch abgespeist. Dann entdeckte er ein paar junge Leute, aber auch die hatten ihm nichts zu sagen. Er ging auf eine Schar Halbwüchsiger zu, die lachten und scherzten, und nannte meinen Namen und den meiner Familie – erfolglos.

Und ohne zu ahnen, dass einer der Kerle mein Bruder war.

Norband war damals ungefähr dreizehn. Er machte nicht nur den Mund nicht auf, sondern versteckte sich sogar hinter einem Freund. Verständlicherweise hatte er Angst. Er glaubte nicht, dass ich es war, der Onkel Asan geschickt hatte. Wie gesagt, nach all der Zeit klang das eher wie eine Spukgeschichte. Er glaubte, Onkel Asan wäre ein Abgesandter dieses Geschäftsmanns, der mich nach dem Tod unseres Vaters entführen wollte, und befürchtete, er käme als Nächster an die

Reihe. Seine Angst war so groß, dass er nicht einmal unserer Mutter davon erzählte, um sie nicht zu beunruhigen. Er tat einfach, als wäre nichts geschehen.

An jenem Abend kehrte Norband nach Hause zurück und zog sich die Decke über den Kopf, um Mut zu schöpfen.

An jenem Abend kehrte Onkel Asan dorthin zurück, wo man ihn beherbergte, und sagte sich: Es reicht, die Suche ist beendet. Er war müde und hatte es satt. Er hatte alles versucht. Er war schon lange von zu Hause fort. Nach dem Aufwachen würde er noch einmal einen Tag lang überall die Nase hineinstecken. Sollte er dann keine Informationen bekommen, würde er darüber nachdenken, nach Pakistan zurückzukehren. Von dort aus würde er mir Bescheid geben und sagen, wie leid es ihm tue, sie nicht gefunden zu haben.

Doch zu den Familien aus Nawa, die an diesem Ort Zuflucht gesucht hatten, gehörte auch eine Frau, die wir als Kinder »die Frau mit der Kugel« nannten. Die Geschichte ist folgende: Eines Tages, als sie mit dem Bus von Qalat nach Kandahar unterwegs war und schlief, durchschlug eine verirrte Kugel, von sonst wem abgefeuert, die Windschutzscheibe, schrammte am Arm des Fahrers vorbei, der das Fahrzeug beinahe zum Umkippen brachte, durchschlug vier Kopfstützen, deren Füllung sich überall verteilte, und traf die Frau mitten in die Stirn.

Das Unglaubliche ist, dass die Kugel nach ihrem langen Flug und der Zerstörung von Scheiben und Sitzen so sehr an Durchschlagskraft verloren hatte, dass sie die Frau nicht tötete. Stattdessen blieb sie ihr im Schädel stecken, fast sanft, ohne im Gehirn zu explodieren. Fest steht, dass die Frau nicht tot war. Man leistete Erste Hilfe und brachte sie ins Krankenhaus. Dort entfernte man die Kugel. Die Frau fiel ins Koma und wachte wieder auf.

Fest steht auch, dass die Verwandten, nachdem sie wieder zu sich gekommen war, feststellen mussten, dass sie ein bisschen daneben war: Ihr Kurzzeitgedächtnis war das eines Goldfisches, während das Langzeitgedächtnis intakt geblieben, ja sogar zuverlässiger war denn je, was Kindheitserinnerungen oder Jahrzehnte zurückliegende Nebensächlichkeiten anbelangte. Außerdem benahm sie sich kindisch, lachte völlig grundlos und sang Lieder, die sie als Kind von der Oma gelernt hatte. Wenn die Frauen bei Tagesanbruch zum Bach gingen, rissen sie sich regelrecht darum, in ihrer Nähe sein zu dürfen, eben weil sie ein bisschen verrückt war und gute Laune verbreitete. In meiner Heimat haben die Frauen am Fluss schon immer viel geredet. Da sie im Vergleich zu den Männern nur wenig herumkommen, hilft ihnen das Erzählen von Geschichten, dem Alltag zu entfliehen und an der Welt teilzuhaben. Die Frau mit der Kugel ließ sich nicht zweimal bitten, denn sie redete für ihr Leben gern. Gut, die Geschichten, die sie erzählte, waren absurd und erinnerten manchmal an antike Fabeln, aber die Frauen liebten sie.

Die Frau mit der Kugel war mit ihrer Familie jedenfalls zur selben Zeit an denselben Ort gezogen wie meine Mutter.

Am Morgen nach dem Gebet in der Moschee, während ich

Tausende von Kilometern entfernt im Tiefschlaf lag und über den Gipfeln des Hindukusch (der Gebirgskette, die sich quer durch Afghanistan zieht und im Osten bis zum Himalaya reicht) die Sonne aufging, verließ Onkel Asan das Haus, um einen Chai zu trinken und ein belegtes Brot zu essen. Da er nichts zu verlieren hatte, nutzte er die Gelegenheit, den Bauern, der es ihm angeboten hatte, nach meiner Familie zu fragen.

»Akbari, sagen Sie?«

»Ja, *Agha Sahib.*«

»Nie gehört.«

»Er ist jetzt in Italien. Der Sohn, meine ich. Er hat mich geschickt, um nach ihnen zu suchen. Kennen Sie die Familie wirklich nicht?«

»Nein.«

»Enaiatollah, sagten Sie?«

Die Stimme war von jemandem hinter ihm gekommen. Onkel Asan drehte sich um, das Glas mit dem Chai fest in beiden Händen. Eine Frau mit einer Narbe mitten auf der Stirn hockte am Boden und verflocht Stoffstreifen miteinander.

»Ja, Schwester, wissen Sie vielleicht, von wem ich rede?«

Sie runzelte die Stirn, als hörte sie ein unangenehmes Geräusch. Onkel Asan merkte, dass die Augen der Frau Dinge sahen, die er nicht sehen konnte.

»Schwester …«

»Seine Mutter hat ihn *Komai* genannt.«

Onkel Asan fiel die Kinnlade herunter. »Wen?«

»Den kleinen Enaiat.«

»Sie kennen die Familie also?«

Die Frau mit der Kugel lachte. Sie hatte riesige weiche Wangen. Erneut war sie abgelenkt. Sie summte ein Schlaflied vor sich hin und sagte dann: »Seine Mutter, ja.«

»Was?«

»Die kenne ich.«

»Wissen Sie, wo sie lebt?«

»Ja, ich weiß, wo sie lebt.«

»Verraten Sie es mir, Schwester?«

Die Frau mit der Kugel konzentrierte sich wieder darauf, Stoffstreifen miteinander zu verflechten.

Onkel Asan stellte das Glas mit dem Chai ab und ging neben ihr in die Hocke. »Der Sohn schickt mich, um nach ihr zu suchen. Enaiatollah. Es ist wichtig. Wenn Sie etwas wissen, dann sagen Sie es mir.«

Die Frau mit der Kugel nickte: »Ich weiß noch, wie er mal *Buzul-bazi* gespielt hat. Er hatte irgendwen besiegt, einen seiner kleinen Freunde. Er muss einen Volltreffer gelandet haben, weil er überall herumsprang und allen davon erzählte.« Sie lächelte, bekam ein Grübchen in der Wange und zeigte dann auf die bergauf führende Straße rechts von dem Bauern. »Da oben«, sagte sie. Und als wäre der helle Moment schlagartig wieder vorbei, beschäftigte sie sich erneut mit ihren Stoffstreifen.

Onkel Asan schaute den Weg hinauf. »Die Familie Akbari wohnt da oben?«

»Nein«, sagte die Frau mit der Kugel. »Ich wohne dort oben. Wir sollten lieber mit meinem Schwager sprechen.«

Genauso geschah es: Onkel Asan traf die Frau mit der Kugel, die sich noch ausgezeichnet an mich erinnern konnte. Gleichzeitig war sie nicht geistesgegenwärtig genug, um misstrauisch zu sein. Sie nahm ihn mit nach Hause und stellte ihn ihrem Schwager vor, der zunächst so argwöhnisch reagierte wie alle, doch Onkel Asan gab nicht auf. Er redete sich den Mund fusselig und beantwortete jede Frage mit großer Präzision und Gelassenheit. Irgendwann konnte er den Mann überzeugen.

Als sie bei ihr anklopften, kratzte Mama gerade einen Topf aus. Meine Schwester, ihr Mann und die gemeinsame Tochter waren damals schon seit fast einem Jahr in Pakistan, und mein Bruder war mit Freunden auf dem Feld. Sie überlegte, wer das sein konnte: Zu dieser Uhrzeit bekam sie normalerweise keinen Besuch. Sie machte auf. Die Sonne blendete so, dass sie sich eine Hand vors Gesicht halten musste, und nachdem sich ihre Augen an das grelle Licht gewöhnt hatten, erkannte sie die Frau mit der Kugel und deren Schwager. Die beiden hatten einen Mann dabei, den sie noch nie zuvor gesehen hatte. Sie begrüßte ihren Besuch, bat ihn herein und improvisierte etwas zu essen. Dann knabberten und redeten sie, ohne auf den Grund des Besuches zu sprechen zu kommen, so wie es sich gehört, wenn man einen Gast empfängt, damit er sich wohlfühlt. Bis Onkel Asan dann erst einmal von seinem Sohn erzählte, um die Weichen zu stellen … und irgendwann bei mir zu landen.

»Enaiat hat mich angerufen«, sagte er. »Aus Italien. Er hat mich gebeten, euch ausfindig zu machen.«

Seit Mama mich in Quetta im Halbdunkel des *Samavat Qgazi* zurückgelassen und im Schlaf geküsst hatte, war das das erste Mal, dass sie wieder etwas von mir hörte. Acht Jahre waren seitdem vergangen.

5

Von Onkel Asan erfuhr ich, dass Mama wie erstarrt war, so sehr wurde sie von ihren Gefühlen überwältigt. Ihr blieb die Luft weg, sie konnte es kaum fassen. Nach all den harten Jahren hatte sie nicht mehr mit guten Nachrichten gerechnet. Nachdem sie aus Nawa weggegangen war, hatte sie ihren Frieden damit gemacht, dass sie mich höchstwahrscheinlich nie wiedersehen würde. Und jetzt tauchte da ein Wildfremder auf, der so eine Geschichte erzählte. Nein, das war viel zu schön, um wahr zu sein! Das Leben war ihr gegenüber nie großzügig gewesen. Das musste ein Irrtum sein, ein Täuschungsversuch. Doch der Mann ließ nicht locker. »Dein Sohn hat mich angerufen«, sagte er. »Er hat sich aus einem weit entfernten Land gemeldet und mich gebeten, euch zu helfen. Er möchte, dass ihr mit mir mitkommt. Die Kosten trägt er.«

»Wohin denn?«

»Nach Quetta. Nach Hazara Town.«

»Da wohnt schon meine Tochter«, murmelte Mama.

»Tatsächlich?«

»Ja.«

»Perfekt!«, rief Onkel Asan. »Dann kannst du auch sie wiedersehen. Wir brechen sofort auf.«

Mama schüttelte den Kopf und bat ihn, noch einmal

meinen Namen zu sagen. Der Mann gehorchte. Sie flehte ihn an, ihn erneut zu wiederholen. *Enaiatollah*. Immer und immer wieder, damit sie sich daran berauschen konnte und nie mehr aufwachen müsste, sollte sie das doch nur geträumt haben; ihre Augen füllten sich mit Tränen. Da kam mein Bruder nach Hause und wollte wissen, was los war. Er erkannte den Mann, der einige Tage zuvor beim Gebet überall herumgeschnüffelt hatte. Der kleine Norband, der so klein auch nicht mehr war, zweifelte seine Schilderungen ebenfalls an und sagte: »Wieso sollten wir ihm trauen? Woher wollen wir wissen, ob er auch die Wahrheit sagt?« Doch da schaltete sich Mama ein und wischte sich die Tränen aus den Augen. Sie musterte den Mann, als müsste sie ihm einen Anzug anmessen, und sagte nur, dass sie ihm glauben wolle. In diesem Moment war die Sehnsucht stärker als jede Vorsicht.

Sie verließen Afghanistan und reisten nach Quetta. Bekanntlich haben wir telefoniert, und seit diesem ersten Telefonat war es für mich das Wichtigste, sie zu unterstützen – und sei es nur aus der Ferne. Aber auch das Schönste! Tatsächlich konnte ich nur zwei Dinge tun: telefonieren und Geld schicken. Ich hatte schon eine Kleinigkeit gespart, doch jetzt brauchte ich mehr Geld, um Mama und Norband zu helfen, wenn nötig auch meiner Schwester.

Meinen ersten Job hatte ich zwei Jahre zuvor bekommen, und zwar dank eines Hilfsprogramms der Stadt Turin. Meinen Verdienst hatte ich beiseitegelegt, ohne damals schon ahnen zu können, dass ich ihn brauchen würde, um Onkel Asan für seinen Mut zu entlohnen. Außerdem beglich ich damit eine alte Schuld bei einem Freund, die noch aus meiner Zeit im Iran stammte: Ich hatte mir Geld von ihm geliehen, um die Schlepper zu bezahlen, die mich über die Berge in die Türkei bringen sollten (die Sache mit den Schuhen, die wir den Toten raubten, und so weiter).

Ein Restaurant, das direkt an der Straße liegt, die von Turin aus zur Basilika von Superga hochführt, hatte mich eingestellt. Anfangs tat ich nichts, als die Spülmaschine einräumen, und ich weiß noch, dass ich ständig den Stiel der Sektflöten abbrach. Vielleicht auch um zu verhindern, dass ich weiteren Gläsern den Garaus machte, durfte ich irgendwann bedienen, und das war toll – vor allem für mein Italienisch, weil ich es so mit den Gästen zu tun bekam. Es gab ein Gericht, die Spezialität des Hauses, das *tinca gobba del pianalto di Poirino* hieß: Goldschleie mit rundem Rücken aus Pianalto di Poirino. Jedes Mal, wenn ich das aufsagen musste, verhaspelte ich mich, die reinste Katastrophe. Deshalb vertrieb ich mir zu Hause oder unterwegs die Zeit damit, es zu wiederholen. An manchen Tagen schlief ich damit ein, dass ich herunterleierte: *tinca gobba del pianalto di Poirino, tinca gobba del pianalto di Poirino, tinca gobba del pianalto di Poirino* – fast so ein Zungenbrecher wie »Fischers Fritz fischt frische Fische« …

Ich weiß noch, dass dort auch ein junger Mann arbeitete, der ungefähr in meinem Alter war und jedes Mal mit einer anderen Haarfarbe auftauchte. Außerdem einer, der ständig von Autos redete und all ihre Vor- und Nachteile detailliert aufzählen konnte. Ein älterer Kellner mit einem schönen weißen Bart kannte sich fantastisch mit Weinen aus – nicht nur in der Theorie, sondern auch in der Praxis: Ließen die Gäste einen Rest in der Flasche zurück, trank er ihn lieber aus, bevor ihn jemand ins Spülbecken kippte. Ich bewunderte ihn, er war ein lustiger Typ: Tagsüber arbeitete er als Krankenhausclown, darüber hinaus engagierte er sich ehrenamtlich fürs Rote Kreuz. Ein anderer Kellner mittleren Alters, ein Neunmalkluger, redete kaum mit uns Kollegen. Stattdessen umschmeichelte er die Gäste und machte ein Riesengewese, damit sie ihm, wenn es ans Zahlen ging, ein üppiges Trinkgeld gaben. Das konnte er wirklich gut. Nur schade, dass er alles für sich behielt, während wir anderen zu teilen pflegten – man kann sich die großzügigen Tische schließlich nicht aussuchen.

Manchmal bat ich die Kollegen um eine Mitfahrgelegenheit, ansonsten nahm ich den Bus. Oder ich fuhr per Anhalter, wenn ich kein Geld für eine Fahrkarte ausgeben wollte. Ich weiß noch, dass ich mit jeder Menge verschiedener Autos mitfuhr, von denen ich dann eifrig meinem autobesessenen Kollegen berichtete. Aber egal, wohin ich in diesen Monaten unterwegs war, in einer Hosentasche hatte ich stets die Weinkarte, in der anderen die Konjugationstabelle. Ab und zu entschlüpfte mir ein *tinca gobba del pianalto di Poirino.* Ich arbeitete in diesem Lokal, bis das Hilfsprogramm der Stadt auslief. Danach machte ich meine Abschlussprüfung auf der Berufsschule und fand meine Mutter wieder. Beides gleichzeitig.

Mit der Hauptgrund, warum ich Mama Geld schicken musste, war, dass sie sich in Hazara Town ein Haus mieten sollte. 2008 brauchte man dafür um die vier-, fünftausend Euro. Die musste man dem Eigentümer vorab zahlen. An Orten wie Hazara Town funktioniert das ganz anders als im Westen, wenn man ein Haus mieten möchte. Man zahlt dort nicht monatlich Miete, sondern gibt dem Eigentümer eine Summe, die einen vereinbarten Zeitraum abdeckt und von dem Eigentümer in irgendetwas investiert wird, in einen Marktstand zum Beispiel oder in Ware für seine Läden. Oder er verleiht die Summe zu einem gewissen Zinssatz. Das Ungewöhnliche daran ist, dass das Geld nicht verloren ist: Es handelt sich nicht um eine Miet*zahlung*, sondern um eine Art Kredit. Zieht der Mieter eines Tages aus, bekommt er das Geld zurück. Noch einmal, damit das klar ist: Die Einnahmen des Eigentümers bestehen also nicht in der Summe, die ihm ausgehändigt wird, sondern in dem Gewinn, den er erzielen kann, wenn er sie geschickt anlegt.

Nur ein Beispiel:

Angenommen, man möchte für ein Jahr ein Haus mieten, und der Eigentümer verlangt viertausend Euro. Man willigt ein und gibt sie ihm. Möchte man dann am Jahresende wieder ausziehen, gibt er einem das Geld zurück, das er in der Zwischenzeit, wenn er sich geschickt angestellt hat, gut investiert hat. Möchte man dagegen länger bleiben, muss man die Miete neu aushandeln. Hat sich der Markt verändert und die Preise sind gestiegen, kann er beispielsweise für den gleichen Zeitraum (ein weiteres Jahr) zweitausend Euro mehr verlangen. Dann muss man ihm nicht mehr viertausend, sondern sechstausend Euro geben. Ist man damit einverstanden, bekommt man das Geld, das man ihm vor einem Jahr gegeben hat, nicht zurück, sondern muss für das kommende Jahr weitere zweitausend zahlen. Beschließt man dann gegen Ende des zweiten Jahres, wieder auszuziehen, gibt einem der Eigentümer sechstausend Euro zurück. Möchte man dagegen noch bleiben, muss man die Miete erneut aushandeln usw. Eben weil das so ist, sind die Eigentümer in der Regel daran interessiert, nur für kurze Zeiträume zu vermieten, damit sie weiteres Geld zum Investieren bekommen. Andererseits hängt das auch von ihnen ab, denn einige sind vielleicht gar nicht in der Lage, das Geld zurückzuzahlen. Ich weiß auch nicht, was das soll, aber so funktioniert es nun einmal.

Ich brauchte also Geld; deshalb verließ ich schweren Herzens die Schule, um zu arbeiten, wenigstens für ein Jahr. Ich tat alles, was ich finden konnte. Unter anderem arbeitete ich in einem Laden, der frische Teigwaren verkaufte; dort lernte ich Gnocchi zu machen, *Tajarin* und Teig für *Plin*. Ich arbeitete als Kellner. Als Betreuer in einer Sozialkooperative. Ich schuftete dermaßen, dass ich wenige Monate, nachdem ich meine Mutter wiedergefunden hatte, das Geld für die Miete zusammenhatte. Aber da hatte das Schuljahr schon wieder angefangen, sodass ich es versäumte. Deshalb arbeitete ich weiter, machte den Führerschein und kaufte mir sogar ein kleines gebrauchtes Auto.

Im September des darauf folgenden Jahres schrieb ich mich an einer Abendschule ein, um meine dreijährige Ausbildung in sozialer Arbeit abzuschließen. In der Zwischenzeit war ich von einer Konditorei eingestellt worden. Meine Arbeitszeit dauerte von fünf Uhr morgens bis vier Uhr nachmittags. Das Problem war nur, dass ich danach zur Schule eilen musste. Irgendetwas war immer, sodass ich stets zu spät kam. Außerdem war ich schon um zwanzig nach vier aufgestanden und würde nach dem Abendkurs nicht vor zweiundzwanzig Uhr nach Hause kommen. Ich stand also im Dunkeln auf und kehrte im Dunkeln nach Hause zurück, vollkommen erschöpft. Trotzdem hat damals etwas klick! gemacht, ich weiß nicht, wie ich das sonst nennen soll. Es war ein komisches Gefühl, magisch. Vielleicht weil ich nach so langer Zeit meine Familie wiedergefunden hatte, vielleicht weil ich stolz war, sie unterstützen zu können, und die Verantwortung spürte, es auch weiterhin tun zu müssen: Ich war wissbegierig wie ein Schwamm. Dort, wo sich normalerweise das Gehirn befindet, hatte jemand einen Sauger montiert, der Informationen nur so verschlang. Ich merkte mir alles auf Anhieb, egal was, sei es in der Schule oder bei der Arbeit. Es war eine spannende Zeit.

6

In dem Jahr, in dem ich schuftete wie ein Wahnsinniger, geschah noch etwas anderes. Etwas, das mein Leben grundlegend verändern sollte, auch wenn ich das damals noch nicht ahnen konnte.

Eines Tages klingelte das Telefon. Am anderen Ende der Leitung waren ein paar Freunde aus dem interkulturellen Zentrum in Turin, in dem ich einen Kurs zum Mediator gemacht hatte. Sie wollten mich zu einer Veranstaltung einladen, zur Lesung eines Debütautors. Der Mann sei ein Sozialpädagoge, der gute Geschichten liebe und sich von dem, was er bei seiner Arbeit erlebe, zu einer eigenen habe inspirieren lassen. Der Held sei ein rumänischer Junge, der nach einer Reihe von tragischen Vorfällen ganz allein durch Europa reist, auf der Suche nach seinem Großvater, der als Straßenkünstler arbeitet. Das Buch werde im interkulturellen Zentrum vorgestellt, und da es darin um einen Dreizehnjährigen gehe, der ganz allein unterwegs ist, hätten sie die Idee gehabt, dass ich dieser erfundenen Geschichte, diesem Roman, doch meine eigene, wahre Geschichte gegenüberstellen könne. Ob das etwas für mich sei? Ob ich dann und dann Zeit habe? Ich sagte Ja. Ob ich mir auch vorstellen könne, das Buch vor dem Treffen zu lesen? Wieder sagte ich Ja. Sie schickten es mir. Es hieß *Emils wundersame Reise*.

Am Tag der Lesung waren ziemlich viele Leute da: viele Lehrer, viele Sozialpädagogen und die Journalistin, die moderieren würde. Die Stimmung war ausgelassen und entspannt. Als ich eintrat, kam mir sofort einer der Freunde, die mich angerufen hatten, entgegen, den Romanautor im Schlepptau.

»Fabio, das ist Enaiat.«

»Enaiat«, sagte er und gab mir die Hand. »Danke, dass du dich bereit erklärt hast, heute Abend zu kommen.«

»Keine Ursache, ich danke dir! Ich hab dein Buch gelesen. Es hat mir wirklich gefallen.«

»Oh, das freut mich sehr, wie nett von dir.«

»Außerdem scheinen wir jede Menge gemeinsame Bekannte zu haben.«

»Zum Beispiel?«

»Zum Beispiel die von der *Asai*« – einer Freiwilligenorganisation für interkulturellen Austausch.

»Ah, die *Asai*! Meine Güte, wenn du wüsstest, was ich dort alles erlebt habe. Es war eine wunderbare Zeit.«

»Das kann ich mir gut vorstellen.«

»Dass ich Sozialpädagoge geworden bin, habe ich hauptsächlich denen zu verdanken.«

Dann kam die Journalistin, und wir stellten uns vor. »Wollen wir anfangen?«, meinte sie.

»Gern«, gab Fabio zurück. Wir nahmen an einem großen Tisch Platz. »Enaiat, magst du dich dorthin setzen?« Er zeigte auf den Stuhl in der Mitte.

Wir werden oft gefragt, wie es dazu kam. Nun, kaum dass er den Mund aufgemacht und ich seine Geschichte gehört hatte, spürte ich eine große

Übereinstimmung zwischen seiner ernsten, aber entspannten, ja fast schon ironischen Sicht auf seine Odyssee und dem, was ich gern geschrieben hätte. Er konnte seine Erfahrungen und die seiner Familie ausgezeichnet rüberbringen, mit einer Art innerem Leuchten, das der Hoffnung weit mehr Raum gab als dem Schmerz. Ohne Letzteren zu leugnen oder zu verschweigen, aber eben auch ohne ihn übertrieben herauszustellen. Eben weil *er ihn nur streifte, wurde er für das Publikum und mich umso spürbarer. Das Buch haben wir ein Jahr danach geschrieben, aber an diesem Abend nahm es seinen Anfang.*

Es war nicht das erste Mal, dass ich gebeten wurde, von meinen Erfahrungen zu berichten. Wie bereits gesagt: Schon seit Jahren, praktisch seit dem Moment, in dem ich nach Italien gekommen war und mich nur mit Gesten verständlich machen konnte, während meine Familie sich versteckte und von einem Flüchtlingslager zum nächsten zog, ließ ich keine Gelegenheit aus, Zeugnis davon abzulegen. Einerseits war das so, als könnte ich auf diese Weise etwas von der Last, die ich mit mir herumtrug, bei Leuten abladen, die die Kraft und Bereitschaft dazu hatten. Andererseits war es das Einzige, was ich für meine Heimat tun konnte: den Menschen zunehmend bewusst zu machen, wie schlimm das war, was sich da gerade abspielte; ein Licht zu entzünden, ja genau: ein Licht in der Dunkelheit.

Es ging um den richtigen Tonfall. Je mehr wir uns mit seiner Geschichte beschäftigten, desto klarer wurde mir, dass die Magie in seiner unverwechselbaren Stimme lag. Sosehr sich meine Sprache auch an vielen ähnlichen Stimmen geschult hat, an der der Kinder und Jugendlichen, mit denen ich gearbeitet habe und damals immer noch arbeitete – im Vergleich zu seiner waren sie kaum mehr als ein bloßer Abklatsch.

Anschließend gab es noch eine Diskussion, während draußen die Hunde bellten und der Wind in den Zweigen der Bäume peitschte. Ich liebte es, zu argumentieren. Ich liebte es, dazu gezwungen zu werden, von all den Fragen, die mich häufig verwirrten. Am Ende der Lesung sprach jemand Fabio an, um sich ein Autogramm geben zu lassen. Andere kamen zu mir, um mich etwas zu fragen, wozu sie vor all den anderen Menschen nicht die Zeit oder den Mut gehabt hatten – so etwas kommt häufig vor, so als schämten sich die Leute oder hätten Angst, mich in Verlegenheit zu bringen. Wir blieben noch eine ganze Weile in dem Zentrum. Es herrschte eine schöne Atmosphäre voller Wärme, Neugier und Interesse, bis die Leute langsam in ihre Mäntel schlüpften und dem Ausgang zustrebten. Fabio und ich redeten noch miteinander und meinten, wir müssten uns unbedingt wiedersehen, wirklich unbedingt! Damals hätte ich nicht im Traum daran gedacht, dass wir einmal ein Buch zusammen schreiben würden … geschweige denn zwei oder dass diese Zufallsbegegnung eine so wichtige Rolle für mich spielen sollte, und zwar in jeder Hinsicht. Aber so läuft das eben manchmal: Wenn man selbst aktiv wird, kommt einem die Welt in vielfacher Weise entgegen.

Die Zeit verstrich, aber wenn einem eine Idee nicht mehr aus dem Kopf geht, sollte man ihr nachgeben. Als ich Enaiat im interkulturellen Zentrum kennenlernte, war auch mein Lektor Francesco Colombo dabei, der mir dann monatelang in den Ohren lag: »Hör mal, du solltest unbedingt versuchen, die Geschichte dieses jungen Mannes aufzuschreiben. Du hast sogar schon einen Titel.« – »Ach ja?« – »Ja, das, was er über die Krokodile im Meer gesagt hat. Das ist perfekt.« Bis Enaiat und ich uns ein Jahr nach unserer ersten Begegnung, ohne uns je wirklich aus den Augen verloren zu haben, zusammensetzten – ich weiß gar nicht mehr, wo das war, ob bei ihm oder bei mir zu Hause – und beschlossen, dass der Moment gekommen war: Wir mussten einfach versuchen, die Geschichte, die er mündlich so wunderbar erzählen konnte, auf Papier zu bannen und gucken, was daraus wird. Ich weiß noch, wie ich zu ihm sagte: »Los, legen wir einfach los! Sollte es uns nicht gefallen, oder solltest du dich, wenn du dir alles noch einmal durchliest, nicht darin wiedererkennen oder sogar den Eindruck haben, dass ich es nicht geschafft habe, deine tatsächlichen Erfahrungen wiederzugeben, zwingt uns ja niemand, es zu veröffentlichen.« Daraufhin fragte er: »Was soll das denn für eine Art Buch werden?« – »Keine Ahnung«, sagte ich. »Vieles ist vorstellbar. Was meinst denn du?« Da betrachtete er mich mit seinen weisen Augen, in denen man sich so leicht verlieren kann, und meinte: »Es wäre schön, wenn es auch junge Menschen lesen könnten. Und wenn es nicht nur meine Geschichte wäre, sondern auch die von allen anderen, denen es ebenso ergeht.«

Fabio hatte so etwas an sich, dass ich ihm vertraute, vielleicht weil er auch Sozialpädagoge war und nicht bloß Autor. Ich hatte Lust am Erzählen. Und er scheute sich nicht, Fragen zu stellen: Das hat er gelernt, um die Kinder und Jugendlichen, die das Sozialamt in der von ihm mitbetreuten Wohngemeinschaft unterbrachte, dazu zu bringen sich zu öffnen.

Zunächst einmal nahmen wir uns viel Zeit zum Reden. Ich ließ Enaiat alles erzählen, woran er sich noch erinnerte. Zwischendurch hakte ich nach, um bestimmte Dinge besser zu verstehen oder ihm noch mehr Details ins Bewusstsein zu rufen. Wir hatten beschlossen, mit dem Genre des Romans zu spielen, deshalb wusste ich, dass ich seine Erinnerungen noch bearbeiten und an Dialogen und Setting feilen musste. Doch in erster Linie interessierten mich die Fakten, und zwar in allen Einzelheiten: Er musste mich in eine Welt versetzen, die meilenweit von meiner eigenen entfernt war, und zwar so, dass ich mich wirklich darin heimisch fühlte.

Wir haben uns gemeinsam Fotos und Filme angeschaut. Wir haben gelesen. Wir haben die Geschehnisse in die richtige Reihenfolge gebracht.

Enaiat wollte seine Erinnerungen so konservieren, dass ihnen die Zeit nichts anhaben kann. Für mich als Autor bedeutete das, dass ich mich unsichtbar machen und in eine Art Schutzfolie verwandeln musste.

Dann kam der Tag, an dem er mir das letzte Kapitel und eine überarbeitete Version von allem Bisherigen überreichte. Ich las alles noch einmal durch. Bereits während des Schreibens hatte ich Seite für Seite gegengelesen, Schilderungen korrigiert und Dialoge verändert, doch jetzt ging es, wie Fabio bereits gesagt hat, um den Gesamteindruck, ob ich mich darin wiederfinde und ob sich auch andere mit vergleichbaren Erfahrungen darin wiederfinden können.

Wir verabredeten uns in einem Café in San Salvario. Es war

Dezember, kurz vor Weihnachten; es hatte geregnet, und in den nassen Straßen spiegelte sich die Leuchtreklame der Fassaden. Fabio war schon da, er saß auf einem Barhocker. Ich legte die Tüte mit dem Ausdruck zwischen die Schalen mit den Zuckertütchen.

»Und?«, meinte er.

Die junge Frau hinter dem Tresen warf uns einen stummen Blick zu, um sich nach unseren Wünschen zu erkundigen: zwei Espresso – einen normalen und einen *macchiato*.

»Und? Was sagst du?«

»Weißt du …«, erwiderte ich, »Leute wie du haben bestimmt Schubladen voller Kindheitsfotos, die zeigen, wie sie gebadet werden oder mit ihren Großeltern am Meer sind. Klassenfotos von der Grundschule, von der Mittelstufe und so weiter. Ich habe nie etwas Vergleichbares besessen. Bis heute. Dieses Buch wird so etwas wie mein Fotoalbum sein. Es wird mir helfen, mich daran zu erinnern, wo ich herkomme und wer ich einmal war – selbst wenn die Erinnerungen eines Tages verschwimmen sollten. Und wenn ich mich nicht daran erinnern will, brauche ich das Buch bloß in eine Schublade zu legen, so wie man es mit Fotos macht. Es wird guttun, das alles zu vergessen – in dem Wissen, dass man es stets wieder hervorholen kann.«

Die junge Frau servierte den Kaffee, und Fabio trank, ohne mich aus den Augen zu lassen. Hin und wieder nickte er.

Der Titel entstand aus folgenden Überlegungen heraus: Dass am Strand in der Türkei jemand Angst vor Krokodilen hatte, obwohl es jede Menge reale Gefahren gab, die Polizei zum Beispiel, die Küstenwache oder gewisse Riesenfähren, die mehrmals am Tag diese Meerenge querten – allein das zeigte schon, dass es sich bei dieser Person um ein Kind handelte. Denn Angst vor etwas zu haben, das man nicht sieht, vor dem Monster im Schrank oder unterm Bett, ist typisch für ein Kind. Kinder machen die gefährlichsten Sachen, ohne es überhaupt zu merken. Sie rennen hinter einem Ball her auf die Straße, sie klettern auf Bäume, sie werfen Steine – um sich dann vor der Dunkelheit zu fürchten. Das ist vollkommen normal. Es sind die Erwachsenen, die ihnen die Welt zeigen und sie ihnen erklären müssen, damit sie die wahren Gefahren erkennen. Es sind die Erwachsenen, die ihnen eigentlich klarmachen sollten, dass es kein Monster im Schrank gibt, dass sie aber, wenn sie weiterhin achtlos durch den Verkehr radeln, Gefahr laufen, überfahren zu werden. Nun, damals an diesem Strand gab es keine Erwachsenen. Wir waren nicht dabei. Wären wir dort gewesen, hätten wir Liaqat sagen können, dass er keine Zeit damit verschwenden soll, sich vor Krokodilen zu fürchten, sondern sich lieber auf die realen Gefahren konzentrieren sollte – auf die Wellen zum Beispiel, die sich lautlos und unsichtbar unter das Schlauchboot schleichen, um es aufbocken zu lassen wie ein Pferd, das einen aus dem Sattel wirft. Dass ein Kind, das noch nie das Meer gesehen hat und nicht schwimmen kann, schnell ertrinkt, wenn es nachts ins Mittelmeer fällt. Genau das, was Liaqat dann passiert ist.

Die Originalausgabe von *Im Meer schwimmen Krokodile* erschien am 20. April 2010. Im März hatte ich aufgehört, in der Konditorei zu arbeiten, und suchte nach einer neuen Stelle. Die Tantiemen für das Buch sollten erst ein Jahr später fließen, und weder Fabio noch ich konnten uns damals ansatzweise vorstellen, wie gut es sich verkaufen würde. So kam es, dass ich bei einer Lesung in der Bibliothek von Chieri auf die Frage einer Besucherin – »Aber was können wir ganz normalen Leute, die solche Geschichten hören, konkret tun?« – spontan antwortete, jeder könne tun, was in seiner Macht stehe – und sei es nur, sich zu informieren und das Gespräch darauf zu bringen. Ansonsten werde alles Mögliche gebraucht – ich zum Beispiel suche gerade Arbeit.

Nach der Lesung kam sie zu mir. Sie hieß Daniela und war Dozentin an der Fakultät für Biotechnologie. Daniela war mir auf Anhieb sympathisch. Sie bat mich um meine Telefonnummer, man könne schließlich nie wissen, vielleicht komme ihr ja ein Job für mich unter.

Einige Tage später klingelte mein Handy, und sie war dran. Ihre Fakultät, die sich in der Via Nizza befindet, in einem erst kürzlich errichteten schönen Gebäude aus Glas und Beton, suche einen Lageristen. Sie meinte, das könne doch etwas für mich sein. Falls ich interessiert sei, könne sie ein Vorstellungsgespräch vermitteln. »Und ob ich interessiert bin!«, erwiderte ich. Ich weiß noch, dass ich total aufgeregt war, schon weil ich zum ersten Mal in meinem Leben den Fuß in eine Universität setzen würde und die Universität für mich so etwas wie ein heiliger Ort war, ein Ort der Träume. Sie stellte mich dem Vorsitzenden der Stiftung vor, der die biomedizinische Forschung leitete. Beide waren sehr nett und taten alles, damit ich mich wohlfühlte. Sie beschrieben meinen Aufgabenbereich, dass ich also Laborinstrumente wie Fläschchen, Mikroröhrchen, Parafilm, Petrischalen, Pipetten, Pipettenspitzen, *scrapers* und Küvetten in Ordnung halten müsse, und klärten mich über die Arbeitsbedingungen und so auf. Dann stellten sie mir haufenweise Fragen, und ich weiß auch nicht, warum, aber irgendetwas lag in der Luft, das mir sagte, dass ich mich dort wohlfühlen und nicht so bald wieder gehen würde.

7

Ein Familienleben auf Distanz ist schon etwas Seltsames. Nachdem wir uns wiedergefunden hatten, wurde ich erneut von Mama bemuttert – zumindest *versuchte* sie es.

Und das, obwohl wir uns so unglaublich viele Tage, Monate, Jahre nicht gesehen hatten und obwohl alles, was wir teilen konnten, die Illusion von Nähe war, hervorgerufen durch unsere Stimmen, die uns in den Ohren kitzelten, als hätten wir uns nebeneinander auf dem Teppich ausgestreckt, statt Tausende von Kilometern voneinander entfernt zu sein.

Sie kümmerte sich um mich, so gut sie konnte. Sie stellte Fragen, gab sich Mühe, die fremde Welt, in der ich gelandet war, zu verstehen, und wollte mir helfen, Prioritäten zu setzen und Lösungen für etwaige Probleme zu finden. Vor allem sorgte sie sich um mein Liebesleben: Sie hoffe, dass ich rasch heiraten würde, am besten eine junge Afghanin. Im Grunde war es rührend, wie sie sich bemühte, mir trotz der Entfernung und ihrer sichtlichen Unfähigkeit, mein neues kulturelles Umfeld zu begreifen, eine gute Mutter zu sein. Sie versuchte mich auf jede nur erdenkliche Weise in ihren Alltag einzubeziehen, fragte mich, was sie einkaufen solle, hielt mich über die Geschehnisse in Hazara Town auf dem Laufenden und vertraute mir vor allem ihre Sorgen um meinen Bruder an.

Mein Bruder und ich sind schon immer sehr unterschiedlich gewesen – und ich meine das vollkommen wertfrei. Das ist einfach eine Charakterfrage, eine Sache der Veranlagung. Schon als Kinder traten wir der Welt ganz anders gegenüber, so grundverschieden wie die Jahreszeiten: Es gibt den Winter, und es gibt den Sommer, der eine ist heiß, der andere kalt, ich funktionierte auf die eine Weise, er auf die andere, und das war auch gut so. Nehmen wir nur das Thema Bücher: Keine Ahnung, warum, aber ich hatte schon immer eine Leidenschaft dafür. Manche Menschen sind so, weil sie inmitten von Büchern aufgewachsen sind, andere, obwohl es bei ihnen zu Hause kein einziges gab. Ich bin immer gern zur Schule gegangen, so wie ich auch gern einem Ball hinterhergerannt bin: ganz selbstverständlich. Nicht so mein Bruder. Von Büchern hielt er nichts. Von der Schule hielt er nichts. Und offen gestanden interessierte er sich nicht mal für Bälle. Dafür machte er gern etwas mit den Händen, bewegte sich gern und ging gern Risiken ein. Er liebte es, etwas zu bauen.

Er hatte keine einfache Zeit hinter sich. Ich natürlich auch nicht, aber ich hatte wenigstens ein Ziel; sich nicht weiterzuentwickeln, weil man nicht weiß, wo man hinwill, finde ich schlimmer, als aufzubrechen und sein Leben zu riskieren. Er wusste einfach nicht, wo er hinwollte. Es gelang ihm nicht, ein Ziel zu finden – weder in sich selbst noch außerhalb. Und in einem solchen Fall tut man mal dies, mal das, haut ab, hat ständig neue Freunde und spielt den starken Mann. Gleichzeitig kümmert man sich um Mutter und Schwester, weil man ja der einzige Mann im Haus ist. Man ist schließlich kein Kind mehr, nicht einmal ein Heranwachsender, man ist schon groß, schlagartig erwachsen geworden, also muss man sich auch so verhalten, wie es von einem erwartet wird.

Mama hatte Angst, ihr kleiner Norband könnte auf Abwege geraten. Ihr missfielen die jungen Männer, mit denen er rumhing, alles Faulpelze, die sich lieber drückten, als hart zu arbeiten, mehr Schein als Sein – ganz zu schweigen von den verlockenden Düften aus Häusern, in denen Opium geraucht wurde: nur eine von vielen Gefahren in Afghanistan, dem Hauptanbaugebiet von Schlafmohn überhaupt. Ein Anbau, der seit dem Fall der Taliban kontinuierlich gestiegen ist, ein unglaublicher Geldstrom, der sowohl in den Taschen der Fundamentalisten landet als auch in denen der Kriegsherren, die die Regierung in Kabul unterstützen. Bei uns zu Hause gibt es ein Sprichwort, das jeder kennt: »Pass bloß auf, denn wenn dich der Krieg nicht umbringt, tun es die Drogen.« Einer Schätzung der Vereinten Nationen zufolge, die alljährlich einen detaillierten Bericht zu Drogen und Drogenkriminalität herausgeben, gab es in Afghanistan 2005 um die 200 000 Rauschgiftabhängige, eine Zahl, die 2009 auf fast eine Million stieg, um Mitte 2015 die Zwei-Millionen-Marke zu überschreiten und immer so weiter, Jahr für Jahr. Man nimmt an, dass die Zahl auch 2019 weiter gestiegen ist, Frauen und Kinder miteingerechnet. Oft fangen die Frauen mit ihren Männern an, Drogen zu nehmen, und hören selbst in der Schwangerschaft nicht damit auf, worauf sie Kinder zur Welt bringen, die von Geburt an rauschgiftabhängig sind. Laut Gesundheitsministerium gibt es über 100 000 Kinder, die Drogen konsumieren.

Nach dem Umzug nach Quetta hatte sich die Situation nicht verbessert – im Gegenteil! Mein Bruder gab zwar vor, etwas für sich und die Familie aufbauen und einen Beruf erlernen zu wollen, aber mit Herz und Verstand war er ganz woanders. Wenn wir miteinander telefonierten, wollte er stets wissen, wie das Leben in Italien so sei, und ich spürte, dass er eifersüchtig war, das merkte ich einfach. Er wäre zu gern an meiner Stelle gewesen, wäre auch gern weggegangen. Ich bestand jedoch darauf, dass er sich um Mama kümmerte: Für das Geld werde ich schon sorgen, versprach ich, doch im Alltag müsse er sie unterstützen, das gehöre sich so.

Mama bat mich, mit ihm zu reden und ihn dazu zu bringen, etwas zu lernen oder bei einem Kunsthandwerker in die Lehre zu gehen. Das tat ich auch. Ich redete mit ihm, denn ein großer Bruder schlüpft in Abwesenheit des Vaters in die Vaterrolle. Doch je älter Norband wurde, desto weniger hörte er auf mich. Mama und ich dachten uns alles Mögliche aus, gaben sogar vor, dass ihn jemand einstellen wolle, für das Reparieren von Fahrrädern oder Waschmaschinen oder so. Ich schickte Geld, das Mama dem jeweiligen Arbeitgeber gab, damit er meinen Bruder davon bezahlte – einfach, damit er etwas zu tun hatte, eine Perspektive. Doch es funktionierte nicht.

Eines Tages, nach zwei Jahren in Hazara Town, meinte Mama, sie wollten nach Afghanistan zurückkehren.

»Wer?«

»Dein Bruder und ich.«

»Seid ihr verrückt geworden? Nein, nein, bleibt in Quetta.«

»Hier gefällt es mir nicht.«

»Warum gefällt es dir nicht, Mama?«

»Weil ich mich hier nicht nützlich machen kann. Es gibt nichts, was ich tun könnte. Ich habe nicht mal ein winziges Fleckchen Land, auf dem ich Kartoffeln anbauen könnte. Hier gibt es nichts als Steine und Zement, dazu kommen der Müll auf den Straßen und die schlechte Luft. Angeblich soll sich die Lage in Nawa verbessert haben …«

»Woher weißt du das?«

»Das habe ich gehört. Ein Cousin ist erst kürzlich dorthin zurückgekehrt.«

»Mama, jetzt vielleicht, aber wer weiß, wie es in einem halben Jahr oder Jahr dort aussieht? Du kennst das doch: Alles kann von einer Sekunde auf die andere ganz anders sein.«

»Auch hier gibt es Attentate, Enaiat. Auch hier sterben Menschen. Neulich ist eine Autobombe explodiert. Statt mit Wasser war das Fahrzeug mit sonst was beladen. Die Mauern des Hauses, in dem deine Schwester lebt, haben gewackelt. Mehr als hundert Menschen wurden getötet. Ich weiß gar nicht, was das sein soll: Sicherheit. Ich fühle mich, als wäre ich lebendig begraben.«

»Aber meine Schwester ist doch auch dort. Gulpari. Die kann sich doch um dich kümmern, und du kannst Oma sein. Bist du nicht gerne Oma? Denk nur an die Reise. An die üblichen Schlepper, an die Grenze. Ich flehe dich an, überleg dir das gut. Überstürze nichts.«

»Und dann ist da auch noch dein Bruder …«

»Eben! Tu es ihm zuliebe. Überleg doch mal, was er bei euch für Möglichkeiten hat. Wie viele Einwohner hat Hazara Town?

Eine Million? Es gibt jede Menge zu tun. Er wird schon noch einen Weg finden, wie er sich nützlich machen kann.«

»Vielleicht. Momentan findet er eher Gelegenheiten, Zeit zu verschwenden. Wege gibt es hier eher zu viele, vor allem Abwege, Enaiat. Auch in Herzensdingen. Wenn du vielleicht …«

»Was?«

»Es ist hier viel teurer, einen Laden aufzumachen, als in Nawa. Wenn du ihm helfen könntest, ein Geschäft zu eröffnen, und sei es auch noch so klein … In Nawa wäre das ganz einfach.«

Tja, ich habe alles versucht, doch sie hatte sich bereits entschieden: Sie wollte nach Afghanistan zurück. Es gibt eine Art Nabelschnur, die uns mit Orten verbindet, wo wir uns die Knie aufgeschlagen haben und die Schatten derer herumlaufen, dir wir einst geliebt haben. Mama hat nie die Überzeugung verloren, dass Nawa der Ort ist, an dem man glücklich sein kann – nicht einmal, als eindeutig feststand, dass dem nicht so ist.

Ich sprach mit meinem Bruder, ich sprach mit meiner Schwester, aber eines Morgens stiegen sie in ein Auto, das sie in die Berge fuhr, über staubtrockene Schotterstraßen. Von dort aus nach Kandahar und von Kandahar in das Dorf, das sie als ihr Zuhause bezeichneten.

Ich habe um die sechstausend Euro geschickt, damit Norband einen Laden für Streichhölzer, Kämme und Sandalen eröffnen konnte. Und damit er geschäftlich und privat mobil sein würde, habe ich ihm auch noch Geld für ein Motorrad geschickt. Ich hatte das Glück, dass sich *Im Meer schwimmen Krokodile* damals gut verkauft hat; so gesehen hatte ich keine Probleme, sie zu unterstützen, was ja meine wichtigste Aufgabe war.

Stundenlang telefonierte ich damals mit meinem Bruder. Ich wollte, dass er seinen Schulabschluss macht. »Heute kann man nicht überleben, wenn man keine anständige Schulbildung hat«, sagte ich. »Wie wär's damit: Vormittags bist du im Laden, nachmittags gehst du zur Schule. Du kannst mit dem Motorrad hinfahren, das du gekauft hast. Und nach der Schule kehrst du zurück an die Arbeit.« Vergebens – er glaubte einfach nicht, dass es dort eine Zukunft für ihn gab. Bei uns gibt es ein Sprichwort: Mädchen brauchen nicht lernen, weil sie sowieso am Herd landen. Und Jungen brauchen auch nicht lernen, weil sie sowieso beim Militär landen.

Ohne mein Wissen hatte mein Bruder längst beschlossen, fortzugehen. Und das natürlich auf seine Weise, nämlich heimlich. Für den Laden hatte er nur einen Teil meines Geldes verwendet. Den anderen hatte er gehortet, um einen Schlepper zu bezahlen. Er hatte es so angestellt, dass der Laden gut sortiert aussah. Die Schachteln türmten sich darin, aber das war bloß Fassade, reine Kulisse: Sie waren halb leer oder mit irgendwelchem Plunder gefüllt. Ich spürte, dass er abhauen wollte, das hatte ich so im Gefühl. Meiner Mutter ging es nicht anders. Trotzdem sagte ich immer wieder: »Tu das nicht, du kannst sie nicht in Nawa alleinlassen.« Und offen gestanden hoffte ich immer noch, er würde irgendwann zur Vernunft kommen.

Aber nein.

Eines Tages rief Mama an und sagte, Norband sei verschwunden.

»Wie, verschwunden?«

»Ich habe ihn schon seit drei Tagen nicht mehr gesehen.«

»Vielleicht ist er bei einem Freund.«

»Das kann natürlich sein.«

…

…

»Mama.«

…

»Du glaubst nicht, dass er bei einem Freund ist, stimmt's?«

»Nein.«

»Glaubst du, er ist abgehauen?«

»Ja.«

»Und der Laden?«

»Ich bin gestern dort gewesen. Den gibt es noch.«

»Und das Geld?«

»Welches Geld?«

»Keine Ahnung, das Geld, das ihr hattet. Das Geld, das er beiseitegelegt hat. Das er verdient hat.«

»Davon weiß ich nichts, Enaiat.«

…

Mama meinte nur, wir hätten ja geahnt, dass er wegwolle, und könnten schlecht etwas dagegen einwenden. Es sei schließlich sein gutes Recht.

»Kann sein, dass es sein gutes Recht ist«, sagte ich, »aber seine Pflicht ist es, bei dir zu bleiben.«

»Ich komm schon klar, so wie immer.«

»Aber du bist jetzt ganz allein dort.«

»Zunächst einmal bin ich nicht allein, in Nawa bin ich nie allein. Und wer weiß, vielleicht gehe ich ja auch zu deiner Schwester nach Quetta zurück.«

Ich traute meinen Ohren nicht. »Mama!«, sagte ich. »Schon wieder eine Reise. Bitte nicht, das reicht jetzt. Bleib, wo du bist. Ich werde mit den Onkeln reden, wir finden schon eine Lösung.« Das sagte ich in dem Versuch, stark und optimistisch zu bleiben. Etwas anderes blieb mir gar nicht übrig, auch wenn ich nur mit Mühe die Tränen zurückhalten konnte und vor lauter Wut zitterte, wie immer wie gelähmt durch die Entfernung, die uns trennte. Eine der Türen wie bei Mohsin Hamid bräuchte ich jetzt!, dachte ich. Eine Tür, bei der ich mit einem Schritt über die Schwelle bin, und schon steht meine Mutter vor mir, sodass ich sie umarmen und den Stoff ihrer Kleidung zwischen den Fingern spüren kann. Ich war wahnsinnig wütend auf meinen Bruder. Dabei stand mir das gar nicht zu. Er hatte schließlich auch das Recht, alles auf eine Karte zu setzen. Trotzdem, ich war wütend!

»Wenn du aufbrechen willst, gib Bescheid. Dann tu ich, was ich kann, um von hier aus die Reise zu organisieren.«

»Danke, Komai.«

»Mama, nennst du mich etwa immer noch *Komai*? Ich hab schon lang keine dicken Bäckchen mehr!«

Ich hörte sie lachen, und das war, als sähe ich einen Schwarm Möwen auffliegen.

Nachdem ich aufgelegt hatte, lehnte ich mich mit dem Rücken an die Wand.

Wo steckte Norband bloß?

8

Nach der Veröffentlichung unseres Buches überschlugen sich die Ereignisse. Auf einmal musste ich tausend Sachen gleichzeitig erledigen, und alles war irgendwie wichtig. In den Monaten nach Erscheinen des Buches lernte ich Orte kennen, die in meinen kühnsten Träumen nicht vorkamen: Auf Einladung der Verlage, die die Übersetzungsrechte gekauft hatten, waren wir in Lissabon, Sofia, Paris, Barcelona, Madrid, Amsterdam und Oslo.

In Norwegen geschah etwas vollkommen Verrücktes. Auf Facebook hatte ich einen jungen Mann wiedergefunden, der im iranischen Qom mit mir gearbeitet hatte, einer von denen, mit denen ich Fußball spielte. Ich erfuhr, dass er bis nach Oslo gelangt war und in einem Laden arbeitete. Wir schrieben uns und träumten von einem Wiedersehen. Keiner von uns konnte ahnen, dass sich die Gelegenheit früher bieten würde als erhofft. Als ich hörte, dass wir nach Oslo eingeladen waren, wollte ich ihm schon schreiben und die frohe Nachricht verkünden, als ich innehielt und dachte: Nein, besser, ich sag ihm nichts. Und genau das tat ich auch.

Eines Septembernachmittags, als er arbeitete, betrat ich den Laden, die Hände in den Hosentaschen wie ein x-beliebiger Kunde. Er putzte gerade die Theke und schaute auf. In seinen Mandelaugen, die meinen so ähnlich sind, stand der professionelle Blick, der dazu auffordert, ruhig zu fragen, wenn man etwas braucht. Der neutrale Ausdruck hielt allerdings nur einen Wimpernschlag an – wenn überhaupt: Die Verwandlung begann bei den Wangen, erreichte dann Lippen und Stirn, bis man meinen könnte, ein steppendes Einhorn hätte den Laden betreten. Ein Wahnsinnsauftritt! Als wir uns das letzte Mal gesehen hatten, waren wir nichts als zwei kleine Jungs mit kaputtem Schuhwerk, die es kaum erwarten konnten, einem Ball hinterherzurennen, im Staub des von Schlaglöchern übersäten Platzes neben der Fabrik, in der wir früher oder später sterben würden, davon waren wir fest überzeugt. Und jetzt? Jetzt standen wir wie durch ein Wunder in der tief stehenden Sonne Oslos, er in seinem gebügelten schwarzen Polohemd, ich mit einem eigenen Buch in der Tasche und einem seltsamen Leuchten in den Augen, einem Strahlen, das jeden Moment explodieren konnte.

Wir waren weit gekommen, in jeder Hinsicht.

Damals lernte ich jede Menge Leute kennen, Stimmen und Blicke, die mir klarmachten, dass ich noch viel (kennen)zulernen hatte. Gleichzeitig arbeitete ich für die Stiftung an der biomedizinischen Fakultät, und wenn man bedenkt, was anschließend noch alles mit meiner Mutter, meiner Schwester und auch sonst noch passiert ist, kann ich sagen, dass ich wirklich ein Riesenglück mit dieser Stelle hatte. Meine Vorgesetzten waren sehr entgegenkommend, sodass ich mir wegen meiner Reisen und Lesungen immer wieder freinehmen konnte. Zu allem Überfluss arbeitete ich, der ich immer davon geträumt hatte, Student zu sein, an einer Universität.

Natürlich war ich bloß Lagerist in einem Lager, das nicht einmal besonders groß war. Das machte es allerdings umso schwerer, so viel Zeug darin unterzubringen, da musste man schon so etwas wie ein Weltmeister in Tetris sein. Aber es war wie in der Geschichte von dem Kolibri, der versucht, einen Waldbrand zu löschen, indem er in seinem Schnabel einen Tropfen Wasser herbeibringt. »Was soll das?«, fragt der Löwe. »Ich leiste meinen Beitrag«, erwidert der Kolibri. Jede Arbeit ist wichtig. Jeder sollte tun, was er kann und so gut er es kann, auch wenn es bloß darum geht, etwas zu putzen oder aufzuräumen. Im Stillen sagte ich mir, dass die Versorgung dieser Instrumente auch ein Beitrag zur biomedizinischen Forschung war, und in gewisser Weise stimmte das ja auch.

In dem Raum, in dem ich las – denn manchmal hatte ich sogar Zeit zum Lesen –, gab es ein großes Fenster, das auf einen Innenhof hinausging. Wenn ich hinausschaute, sah ich den unaufhörlichen Strom von Studenten, die kamen und gingen. Das genaue Gegenteil zu damals in Quetta, als ich hinter der Schulmauer hockte, um den in der Pause spielenden Kindern zuzuhören, denn ihnen zuzusehen wäre einfach zu schmerzhaft gewesen. Doch wenn ich ihre Schreie hörte, den dumpfen Aufprall des Balls, konnte ich mir ausmalen, zu ihnen zu gehören, statt den Leuten Onkel Rahims Chai zu bringen. Dieses große Fenster zum Innenhof hingegen erlaubte es mir, sie zu sehen, ohne sie zu hören, statt sie zu hören, ohne sie zu sehen. Ich vernahm die Stimmen der Studenten nicht, sah aber, wie sie mit ihren Büchern unterm Arm und ihren Rucksäcken grinsend und scherzend herumliefen. Und wieder war da der übergroße Wunsch, dazuzugehören, und der war so groß, dass ich mir eines Tages sagte: Ich möchte mich an der Universität einschreiben.

Ich hatte ein festes Gehalt, hinzu kamen die Tantiemen von dem Buch. Nach der Arbeit würde ich lernen und vielleicht auch Vorlesungen besuchen können. Auf einmal stand ich auf der Sonnenseite des Lebens, alles lief bestens, ich wurde zunehmend erwachsen … und konnte weiterhin in mich investieren. Ich zog aus dem Haus in Pavarolo aus und lebte fortan allein in Turin. Nun überlegte ich, wofür ich mich einschreiben sollte, und besuchte Unmengen von Orientierungsveranstaltungen. Ich mochte Tiere, fühlte mich aber nicht für Tiermedizin oder Forstwissenschaft geeignet. Ich mochte Philosophie und dachte gern über das Leben nach, aber das war ein Interesse, das ich auch privat verfolgen konnte. Ich mochte Anthropologie, die Wissenschaft vom Menschen und der Gesellschaft, in der er lebt. Ich mochte Wirtschaft, da ich wusste, was es heißt, arm zu sein – damit kannte ich mich wirklich aus.

Eines Tages informierte ich mich über den Studiengang Politikwissenschaft. In Turin befindet sich diese Fakultät auf dem Campus Einaudi, einem großen Gebäudekomplex, der von einem berühmten Architekten entworfen worden ist, am Ufer der Dora, auf dem ehemaligen Industriegelände von Italgas, unweit der Mole Antonelliana: Die Inhalte, die man mir dort nannte, waren eine Mischung aus allem, was mich interessierte, mit einem Schwerpunkt, der mir wichtiger war als alles andere: das menschliche Zusammenleben. Nach dem Studium würde ich zwar nichts Konkretes in Händen haben, aber mir gefiel die Vorstellung, mich nicht nur mit einer Sache auszukennen, sondern ein bisschen von allem zu verstehen. Ich wollte erforschen, was sich die Menschen ausgedacht haben, um in so großen Gruppen zusammenleben zu können: was funktioniert hat, aber auch, was nicht funktioniert hat. Dank dieser Kompetenzen würde ich vielleicht eines Tages etwas Nützliches, Positives für Afghanistan tun können, denn das war mein Traum: etwas zu seiner Wiedergeburt beizutragen, zur Entwicklung der Demokratie. Keine Ahnung, wie das gehen sollte, aber mir würde schon etwas einfallen.

Gesagt, getan. Ich schrieb mich für Politikwissenschaft ein und wurde Student. Hätte mir das damals, als ich noch Steine in Qom klopfte, jemand erzählt, ich hätte es niemals für möglich gehalten. Meine ersten beiden Studienjahre, die ich neben den Lesungen aus unserem Buch und der Arbeit für die Stiftung absolvierte, waren unglaublich produktiv. Ich genoss das Leben in vollen Zügen.

Ich zog mehrmals um. Erst wohnte ich in einem winzigen Apartment: dreißig Quadratmeter, in die man irgendwie eine Küche, ein Wohnzimmer, ein Schlafzimmer und ein Bad gepfercht hatte. Hässlich war es nicht, im Gegenteil, es hatte durchaus einen gewissen Charme, aber es gab dort nie ausreichend Tageslicht. Die Wohnung hatte nur zwei winzige, handtellergroße Fenster, sodass es unmöglich war, den Himmel zu sehen. Und wenn ich den Himmel nicht sehen kann, verliere ich jede Orientierung, weil ich dann nicht mehr weiß, wie spät es ist, und mich nicht organisieren kann. »Dann kauf dir halt eine Uhr!«, könnte man sagen, und das nicht zu Unrecht. Aber es ist eben etwas anderes, sich die Uhrzeit vom Handy sagen zu lassen, als das Vergehen der Zeit am Stand der Sonne abzulesen, durch den man ein Gefühl dafür bekommt, ohne jede Minute kontrollieren zu müssen.

Deshalb suchte ich nach einer neuen Bleibe, die ruhig klein sein durfte, aber hell sein sollte. Ich schaute mir unglaublich viele Wohnungen an, einige davon wirklich hübsch, aber zu dunkel. Bis ich eines Tages in Begleitung einer jungen Maklerin eine Wohnung betrat, die aussah, als hätte man ihr gewaltsam alles Leben herausgerissen: alt, verdreckt und völlig unmöbliert. An den Wänden waren noch Spuren von Bildern und Möbeln zu sehen, und im Bad gab es noch das alte Klo und Bidet, die jedoch dermaßen schmutzig und urinverkrustet waren, dass einem schon vom bloßen Hinsehen grauste. Was für ein Drecksloch!, dachte ich. Doch dann zog die Maklerin die Rollläden hoch, und ein kräftiges goldenes Licht flutete jeden Winkel. Der Sommernachmittag, den wir draußen gelassen hatten, ergoss sich über die Böden, und da begriff ich, dass alles andere machbar war: Die hässlichen Tapeten konnte man abreißen, die Wände neu verputzen, die Toilette austauschen. All das würde ich auf mich nehmen, weil ich mich so sehr nach diesem Licht sehnte. Ich trat auf den Balkon. Im Innenhof stand ein Kakibaum.

»Und?«, meinte die Maklerin.

Ich streckte die Hand aus, um die Sonne im Handteller zu spüren. »Die Wohnung ist perfekt«, sagte ich. »Die nehm ich.«

Um sie zu renovieren, haben meine Freunde und ich monatelang geschuftet. Die Zeit, die mir neben meiner Arbeit an der biotechnologischen Fakultät, den Univorlesungen und den Prüfungsvorbereitungen blieb, verbrachten wir ausschließlich mit Maurerkelle und Malerpinsel. Die beiden Zimmer strich ich blau, damit sie diejenigen, die darin schliefen, in den Schlaf wiegten. Den Flur strich ich grün, um ihn in einen Dschungel zu verwandeln. Und an die Stelle, wo die Wände auf die Decke trafen, schrieb ich ein Gedicht, auf Dari, in meiner Muttersprache. Das Bad wurde orange mit weißer Decke, die Küche sandfarben, damit ich mich mit der Erde verbunden fühlte. An die Wände kam ein Zitat von Nietzsche, aus seinem Gedicht *Von der Armut des Reichsten.*

Meine Seele,
unersättlich mit ihrer Zunge,
an alle guten und schlimmen Dinge hat sie schon geleckt,
in jede Tiefe tauchte sie hinab.

Aber immer gleich dem Korke,
immer schwimmt sie wieder obenauf,
sie gaukelt wie Öl über braune Meere:
dieser Seele halber heißt man mich den Glücklichen.

Wer sind mir Vater und Mutter?
Ist nicht mir Vater Prinz Überfluß
und Mutter das stille Lachen?

Das war die Wohnung, von der ich immer geträumt hatte, *meine Wohnung.* Mit einladenden Wänden. Mein erster Mitbewohner war Davide aus Varese, ein toller Koch. Seine Spezialität waren *Pici*, eine typisch toskanische Pasta, mit der man in Varese eigentlich nichts am Hut hat, aber egal. Wir feierten unglaubliche Nudelorgien mit *Pici*. Dann stieß noch Cristian dazu, ein Kommilitone, der mir den Platz freihielt, wenn ich wegen der großen Entfernung zwischen der biotechnologischen Fakultät und dem Campus Einaudi wieder einmal zu spät kam. Ich weiß noch, dass er sich mit einer schriftlichen Bewerbung vorstellte – handgeschrieben! –, in der stand, dass er neugierig auf mich sei und mich gern besser kennenlernen wolle. Irgendwann waren wir die dicksten Freunde. Ein netter Kerl, ruhig und zuverlässig, genau die Art Mensch, mit der ich mich wohlfühle. Inzwischen trainiert er meinetwegen schon seit Jahren die Fußballmannschaft der afghanischen Gemeinde und führt sie auch in den *Balon Mundial*, ein Turnier zwischen elf Mannschaften ausländischer Einwohner von Turin.

Aus nachvollziehbaren Gründen habe ich seit jeher eine Schwäche für entwurzelte junge Männer und Frauen aus dem Ausland. Ich empfinde es als ganz selbstverständlich, ja sogar als meine Pflicht, auf sie zuzugehen und der Erste zu sein, der Kontakt zu ihnen aufnimmt – so wie es Cristian bei mir getan hat. Vielleicht mit ein Grund, warum sich in unserer Wohnung irgendwann bis zu zehn Leute auf die Zimmer, den Flur und die Küche verteilten, um zu lernen oder sich auszustrecken und zu quatschen. Jemand aus Uganda, jemand aus dem Senegal, jemand aus China, jemand aus Marokko. Charles, der in Nigeria geboren ist, wurde mein neuer Mitbewohner, als Davide nach Holland zog. Ich besuchte zwar Seminare zum Thema Internationale Zusammenarbeit für nachhaltige Entwicklung, Recht, Kultur und so weiter, doch nirgendwo ging es so international zu wie in meiner Wohnung.

Wohnungen bewahren die Gefühle, die sich im Laufe eines Lebens darin ansammeln. Eine gute Wohnung hilft einem dabei, zu wachsen, sie fördert und erleichtert den gegenseitigen Austausch. Nachdem die Wohnung endlich bezugsfertig war, wurde sie genau so ein Ort. Wir haben uns gemeinsam weiterentwickelt, meine Freunde und ich. Zwischen uns sind ganz enge Beziehungen entstanden. Innerhalb dieser vier Wände wurde ich fremder Freund, fremder Cousin, Onkel Ena und Bruder Enaiat genannt. Im Winter und spätabends füllte sich die Wohnung und bot Zeit und Raum für alles Mögliche: zum Lesen, zum Diskutieren, zum Schweigen oder um eine Doku über Pink Floyd anzuschauen. Um *»Risiko«* zu spielen oder sich der Liebe hinzugeben. Ich weiß noch, wie uns ein Freund aus irgendeinem Grund wie kleine Kinder in den Schlaf wiegte, indem er uns *Der kleine Prinz* vorlas – seine Stimme kaum mehr als ein Flüstern.

Im ersten Jahr in dieser neuen Wohnung lernte ich Ilaria kennen.

Ich sehe noch vor mir, wie wir uns, die wir uns erst vor Kurzem angefreundet hatten, über unsere Ferien austauschten. Sie war in Apulien gewesen. Ich dagegen, der keine Pläne gehabt hatte, war nach dem letzten Arbeitstag nach Hause gekommen, mehrere gänzlich freie Wochen vor mir. Von einem plötzlichen Tatendrang erfasst, packte ich den Rucksack mit Schlafsack, Zelt, zwei Pullovern, einer Feldflasche, gekochten Eiern, Tunfisch, Brot, Kerzenständern und Kerzen, setzte mich ins Auto und fuhr los. Einfach so, ohne jedes Ziel. Ohne zu wissen, was ich machen oder wo ich schlafen würde. Für mich war es das Wichtigste, mal aus der Stadt und ihrer drückenden Schwüle rauszukommen, an einen kühlen Ort. Instinktiv fuhr ich Richtung Berge, hörte Musik und erfreute mich an der Schönheit von Nebenstraßen, Ortsnamen oder einem bestimmten Lichteinfall. Irgendwann ließ ich den Wagen auf einem Dorfplatz stehen, direkt gegenüber von Rathaus und Kirche (so wie das in Dörfern eben oft ist), schulterte den Rucksack und nahm den Weg in den Wald. Ich wanderte tagelang, erfüllt von einem bis dahin nie gekannten Glücksgefühl. Unterwegs begegnete ich nur wenigen Leuten, meist französischen oder deutschen Touristen, rastete, wenn mir danach war – nicht zuletzt um im Schatten eines Felsens das Buch zu lesen, das ich dabeihatte, *Siddhartha* von Hermann Hesse –, und schlug mein Zelt auf, wo es mir gefiel. Wenn ich Durst hatte, holte ich Wasser vom Brunnen. In einigen Lebensmittelläden von der Sorte, die einfach alles vorrätig haben, stockte ich meinen Proviant auf. Nur ich und die Berge, sieben Tage und sieben Nächte lang – einer der schönsten Urlaube meines Lebens.

Als Lilla – wie ich Ilaria nannte – von dieser einsamen Reise erfuhr, von meinem Gefühl, in völligem Einklang mit der urwüchsigen Energie der Berge zu stehen, und von der wohltuenden Wirkung des ziellosen Umherstreifens, meinte sie, so etwas würde ihr auch gefallen. Da dachte ich: Eine junge Frau, der so was gefällt, könnte eine junge Frau sein, mit der ich unterwegs sein möchte. Und so war es auch. Wir sahen uns immer öfter. Und im Sommer darauf wurde es konkret. Ich überredete einen Freund, das Auto zu tauschen: Für einige Wochen würde ich ihm meinen Opel

Corsa geben und er mir im Gegenzug seinen Klempner-Lieferwagen, mit dem er Werkzeug, Rohre und Waschmaschinen transportierte. Ich stattete den Wagen aus und verstaute eine ein Meter vierzig breite Matratze, den Gaskocher, das Zelt, zwei Hängematten, unsere Rucksäcke und Fahrräder darin. Dann brachen Lilla und ich auf, ohne die geringste Vorstellung zu haben, wo es hingehen sollte. Die einzige Regel bestand darin, niemals die Autobahn zu nehmen: einerseits wegen der Mautgebühren, andererseits damit wir gezwungen waren, langsam zu fahren und die Landschaft zu genießen. Wir würden nach Nordosten fahren und dann mal schauen.

Ich weiß noch, wie mir irgendwann unterwegs einfiel, dass ich einmal, als ich noch nicht lange in Italien lebte, in der Basilikata Urlaub gemacht habe, in einem Ferienlager, das die Stadt Turin in Policoro organisiert hatte. Ein wunderschöner Ort, wo es einen Typen gab, der uns das Katamaransegeln beibringen wollte. Das Problem war nur, dass ich immer, wenn ich das Boot bestieg, an die Überfahrt von der Türkei nach Griechenland denken musste, daran, wie Liaqat ins Wasser gefallen und in der Dunkelheit verschwunden war. Hätte ich vorher gewusst, wie man einen Katamaran segelt, wäre das vielleicht nützlich gewesen – keine Ahnung, warum Erfahrung häufig etwas ist, das man braucht, wenn man noch keine hat.

Am Abend des ersten Tages landeten Lilla und ich irgendwo in der Nähe des Comer Sees. Es war schon dunkel, als wir eine Schotterstraße entdeckten, die uns wie magisch anzuziehen schien, so nach dem Motto: Hallo, hier entlang! Es gab ein Wäldchen, nirgendwo ein Schild »Privatbesitz« oder so und einen Himmel voller Sterne, die wir zwar nicht sahen, weil wir so von den Scheinwerfern des Lieferwagens geblendet waren, von deren Existenz wir aber wussten. Mit anderen Worten, es war fantastisch, und tatsächlich lief alles fantastisch, bis ich mir einbildete, den idealen Ort fürs Zelten gefunden zu haben. »Da unten«, sagte ich.

»Wo?«, fragte Lilla.

»Warte, ich wende.«

Voller Elan legte ich den Gang ein, als führe ich Go-Kart, und merkte nicht, dass parallel zur Straße ein Graben verlief. Wir blieben mit einem Rad darin stecken, und zwar so richtig. Lilla und ich stiegen sofort aus, um nachzusehen. Ich versuchte, wieder herauszukommen, aber nichts da, es war dunkel, und ich wusste nicht, wie ich uns aus dieser Zwangslage befreien sollte. Wir beschlossen, dass es das Beste wäre, an Ort und Stelle zu übernachten und auf den Sonnenaufgang zu warten: nicht, dass wir die Situation noch verschlimmerten.

Als wir am nächsten Morgen aufwachten, merkten wir, dass wir noch Glück gehabt hatten: Der Graben, der uns abends in der täuschenden Dunkelheit winzig vorgekommen war, war deutlich tiefer als gedacht. Zum Glück waren wir nicht hartnäckig geblieben, wir hätten uns verletzen können. Nun versuchten wir, wieder herauszukommen. Ilaria gab mir von unten Anweisungen, während ich Lenkrad und Gangschaltung bediente – leider vergeblich, allein würden wir es nicht schaffen. Irgendwann schaltete ich den Motor ab und stieg aus. »Ich hole Hilfe.«

Das Ganze kam mir vor wie eine Szene aus einem Horrorfilm: Ein junges Pärchen hat eine Autopanne und bittet einen Fremden um Hilfe, der zunächst unglaublich sympathisch wirkt, sich dann aber als Geisteskranker entpuppt, der die beiden jungen Leute nach der Rettung zu sich nach Hause einlädt, damit sie sich frisch machen können, um sie schließlich in der Scheune anzuketten und genüsslich zu foltern. Zum Glück entdeckte ich nach einem zehnminütigen Fußmarsch zwischen Mücken und Fliegen einen Hund, dann einen Camper und schließlich einen Mann vor dem Camper. Er trug einen Strohhut und las Zeitung. Er war kein Geisteskranker, sondern einfach ein wahnsinnig netter Typ, ein kanadischer Tourist. Mit seinem Camper fuhren wir zum Lieferwagen, und mithilfe eines Abschleppseils gelang es uns, ihn zurück auf die Straße zu ziehen.

Was soll ich sagen, die Reise hatte nicht optimal angefangen, aber von da an achtete ich peinlich genau darauf, wo ich hinfuhr, und alles war wunderbar. Wir streiften zwei Wochen durch die Gegend und sahen die tollsten Orte, in denen wir meist rein zufällig landeten. Von Como ging es nach Trient. Von Bozen nach Sauris. Von Triest nach Verona. Von Mantua nach Siena. Eine kostbare Zeit.

Inzwischen hatte ich auch Nachricht von meinem Bruder. Er war in Indonesien und versuchte, nach Australien zu gelangen. Er war müde, aber es ging ihm gut. Ich war wütend, weil ich die ganze Zeit Mama hatte trösten müssen, die in großer Sorge um ihn gewesen war. Und während ich sie getröstet hatte und ihren Schmerz mit Händen greifen konnte, verstand ich erst, wie sehr sie in den acht Jahren um mich gelitten haben musste. Nachdem Norband Indonesien verlassen hatte, hörten wir wieder nichts von ihm, und das für sehr lange Zeit.

9

Erstaunlich, aber wahr: Die Sonne geht im Nu unter. Tagsüber, wenn sie hoch am Himmel steht, achten wir nicht groß auf ihren Lauf – jaja, ich weiß, nicht sie bewegt sich, sondern wir, aber ich glaube, ich habe mich klar genug ausgedrückt. Es ist eine extrem langsame Bewegung, bis die Sonne kurz vor dem Untergehen auf das Meer, die Berggipfel, die Häuser oder sonst irgendetwas trifft, das den Horizont verbirgt. Und dann ist sie im Nu verschwunden. Stunden voller Licht, die wir für selbstverständlich halten. Aber dann bücken wir uns, um uns die Schuhe zu binden – und beim Aufrichten ist es plötzlich dunkel. Genauso brach die Nacht in mein Leben ein, nach Jahren strahlenden Lichts.

Eines Abends im Januar 2014 klingelte mein Handy. Meine Schwester war dran: Mama habe einen Unfall gehabt. Wie angekündigt, war sie nach dem Verschwinden meines Bruders nach Hazara Town zurückgekehrt. Meine Gegenwehr war nicht sehr konsequent gewesen: Einerseits wollte ich nicht, dass sie sich schon wieder auf die Reise machte, weil ich wusste, dass überall unvorhersehbare Ereignisse wie Schlangen unter den Steinen lauerten. Andererseits wäre es noch schlimmer gewesen, wenn sie allein in Nawa zurückgeblieben wäre. Ohne große Überzeugungskraft mahnte ich sie, wie wichtig der Hazarajat für ihre Erinnerungen sei, doch sie meinte, sie habe gelernt, dass die von meiner Schwester verkörperten Erinnerungen wichtiger seien als die zwischen Strohwänden. Und dass sich die schönste Zukunft in den Augen ihrer Enkel spiegele. Ich hätte gern gefragt, warum ihr das nicht schon vor ihrem letzten Aufbruch aufgefallen sei, merkte aber, dass ich mich fügen musste: Ihre Gedanken nahmen manchmal seltsame Wege.

Man muss auch wissen, dass meine Schwester damals kurz vor der Geburt ihrer vierten (!) Tochter stand. Wie dem auch sei, Mama war nach Pakistan zurückgekehrt. Und ich, der ich wegen der steilen Schotterhänge beim Khonjuk-Pass solche Angst um sie gehabt hatte, wäre nie auf die Idee gekommen, dass ihr Schicksal sie im Haus von Freunden ereilen könnte, in Quetta, an einem x-beliebigen Abend, eingehüllt in den Duft von Fleisch und Gewürzen, in freundliches Geplauder.

In der Nacht zuvor hatte es geschneit. Eine Kindheitsfreundin, auch sie erst seit Kurzem in Pakistan, hatte sie mit anderen Frauen zum Tee eingeladen. Meine Schwester war bei ihren Töchtern geblieben. Der Nachmittag verflog im Nu, eine einzige Liebkosung aus kunstvollen Wortgirlanden und zartem, mit Puderzucker und gemahlenen Pistazien bestreutem Gebäck.

Es wurde langsam Zeit zum Abendessen, als Mama aufstand, sich für die Gastfreundschaft bedankte und verkündete, sie werde jetzt zu ihrer Tochter zurückkehren. Die Freundin protestierte sanft. »Nicht doch!«, meinte sie, »wieso bleibst du nicht zum Essen?«

»Ich kann nicht, meine Tochter wartet auf mich.«

»Schau doch mal raus.« Sie zog die Vorhänge beiseite. »Es ist schon fast dunkel. Du kannst anschließend heimgehen. Mein Mann bringt dich mit dem Motorrad nach Hause.«

»Ich muss los«, beharrte Mama. »Aber ich werde euch bald wieder besuchen.«

»Versprochen?«

»Versprochen.« Mama nickte. Sie zog ihre Windjacke an, legte den Tschador um und trat in die schneidend kalte Abendluft hinaus. Ein süßer Duft hing darin, wie von *Shir Chai*, der lange gekocht hat. Wie immer waren viele Leute unterwegs, Straßenverkäufer, dahineilende Männer, Kinder, die noch draußen waren, um im liegen gebliebenen Schnee zu spielen, und Mütter, die nach ihnen riefen. Mama kam an einer alten Moschee vorbei, die im Innenhof eines unauffälligen Gebäudes stand. Sie war schon mal dort gewesen. Von außen machte sie nicht viel her, aber innen sorgten Lampen für ein schönes, gedämpftes Licht, das zur Zwiesprache mit Gott einlud. Es roch nach *Spannegra*, einer Wurzel, die im Hochgebirge wächst und von den Hazara verbrannt wird, um böse Geister zu vertreiben. In ihrem Rauch, so sagt man, leben die Seelen der Vorfahren. Mama hielt gern Zwiesprache mit Gott, und als sie an der Moschee vorbeikam, hatte sie das Bedürfnis, kurz hineinzuschauen.

Wer wohl noch dort war? Ob sie jemandem begegnet ist? Ich weiß es nicht. Woran sie wohl gedacht haben mag? An mich, an ihre Enkel, an meine Schwester, an meinen Bruder oder, was völlig in Ordnung wäre, an sich selbst? Nicht einmal das weiß ich. Sie blieb nicht lange, nur ein bisschen, und als sie wieder herauskam, merkte sie, dass die Temperatur weiter gesunken war. Am Nachmittag hatte sie sich vom klaren Himmel und der Sonne täuschen lassen, sodass sie sich nicht warm genug angezogen hatte. Um zu Fuß zum Haus meiner Schwester in einem ganz anderen Viertel von Hazara Town zu gelangen, musste sie ein ganzes Stück laufen. Das gab den Ausschlag. Die Kälte weckte in ihr den Wunsch, zu den Freundinnen zurückzukehren, zur Wärme des Herdes. Sie wollte das Angebot annehmen, sich nach dem Essen mit dem Motorrad nach Hause bringen zu lassen.

Als man sie wieder vor der Tür stehen sah, wurde sie freudig empfangen. »Gut gemacht!«, hieß es. Sie brauche nicht zu helfen, es sei schon alles fertig, sie könne sich in aller Ruhe hinsetzen. Wieder wurde geplaudert, die Lichter brannten, und es duftete, wie in meiner Heimat üblich, intensiv nach Essen.

Und dieser Duft muss der Grund gewesen sein, warum sie den Gasgeruch nicht bemerkten.

Ein grelles Aufblitzen. Wer weit weg war, hörte einen dumpfen Knall, nur ganz kurz, wie ein Fingerschnippen. Wer in der Nähe war, rannte sofort auf die Straße, um zu gucken, was los war, und erzählte von den Flammen, von den zerborstenen Scheiben, von dem sich in den Scheiben spiegelnden Feuer. Für meine Mutter und die anderen Teilnehmer dieses Essens muss es die Hölle gewesen sein.

Im Nachhinein wurde eine defekte Gaskartusche als Ursache festgestellt: Das Gas war lautlos ausgeströmt, hatte den Herd erreicht, auf dem das Essen köchelte, und schon war es geschehen: Erst kam die Explosion, dann das Feuer. Im Nu standen Tür, Teppiche und Vorhänge in Flammen. Decken, Möbel, Kleider. Und im Nu standen auch die Menschen in Flammen.

Pakistan ist Italien drei Stunden voraus. An jenem Abend, als meine Schwester anrief, war ich gerade mit Freunden unterwegs. Ich brauchte einen Moment, bis ich verstand, was sie da sagte, schon weil sie von Schluchzern geschüttelt wurde. Ich ahnte, dass Mama schwer verletzt war, dass sie Verbrennungen am ganzen Körper hatte und in ein lokales Krankenhaus gebracht worden war, ins Bolan Medical Complex Hospital. Ich bat darum, mit ihr sprechen zu dürfen, aber meine Schwester sagte, das sei nicht möglich, sie werde mich am nächsten Tag wieder anrufen, um mich auf dem Laufenden zu halten. Und so wurde es Nacht in meinem Leben, eines Abends, ganz plötzlich: finsterste Finsternis. Wieder zu Hause, wartete ich in eine Decke gehüllt auf dem Balkon, bis die Sonne aufging, weil ich in der Wohnung nicht genug Sauerstoff zu bekommen glaubte.

Am nächsten Morgen rief ich zurück, ich konnte einfach nicht auf ein Klingeln warten, das nicht kam. Keine guten Nachrichten: Mama befand sich in einem kritischen Zustand. Sie hätte eigentlich in eine Abteilung für Brandverletzte verlegt werden sollen, aber die behandelnden Ärzte rieten ab, weil schon die kleinste Kleinigkeit ihren ohnehin heiklen Zustand verschlechtern könne. An diesem Tag erzählte ich meinen Vorgesetzten in der Arbeit davon. Sie sagten, ich solle mir einen Arztbericht auf Englisch schicken lassen. Ich leitete die Bitte an meine Schwester weiter, die mir jedoch wegen der üblichen Probleme mit unseren Papieren sagte, der ließe sich nicht besorgen: Da sie nicht beweisen könne, dass die Frau mit den Brandwunden ihre Mutter sei, habe sie kein Anrecht auf einen offiziellen Bericht. Wohl wissend dass ein angemessenes Bestechungsgeld jedes bürokratische Hindernis überwindet, bat ich sie, Geld zu bieten, um an diesen Arztbericht zu kommen – ich hätte jede Summe gezahlt. Aber die Tage vergingen. Erst einer, dann zwei, dann drei. Und ich, der ich weit weg war, rang ohnmächtig die Hände. Hätte ich in den Flieger steigen können, ich hätte es getan. Aber ein politischer Flüchtling, noch dazu ein Hazara, hätte Wochen, wenn nicht gar Monate gebraucht, um ein Visum für Pakistan zu bekommen.

Meine Vorgesetzten weihte ich von Anfang an ein: Ich sagte, dass ich mir Sorgen mache, da dieses Krankenhaus mit Sicherheit nicht die richtige Ausstattung besitze, um sie angemessen zu behandeln. Dass sie angeblich nicht in der Lage sei, sich zu bewegen, nicht transportfähig, weil das Infektionsrisiko zu hoch sei. Daniela und die anderen standen mir vom ersten Moment an bei. Ich weiß noch, wie sie mir ehrlich (was auch gut ist), aber auch behutsam (was besser ist) beibrachten, dass die Situation nun einmal so war, wie sie war. Wenn sie wegen ihrer Infektionen nicht verlegt werden könne, dann heiße das, dass es schlimm um sie stehe. Sehr schlimm. Ich weiß noch, dass ich mir vorkam, als hätte man mir eine mit dem Hammer übergebraten. Es war die brutale Wahrheit. Ansonsten ermutigten sie mich, die Hoffnung nicht aufzugeben und nach einer anderen Lösung zu suchen. An ihren Tod dachte ich nicht, ich konnte und wollte diese Möglichkeit einfach nicht in Betracht ziehen. Stattdessen malte ich mir aus, sie eines Tages zur Behandlung nach Italien zu holen oder so etwas in der Art. Ich versuchte, Kontakt zur humanitären Hilfsorganisation *Emergency* aufzunehmen, um ihr eine bessere Behandlung zukommen zu lassen. Durch die Veröffentlichung von *Im Meer schwimmen Krokodile* und die absurd vielen Lesungen, an denen ich teilgenommen hatte, besaß ich viele Kontakte, die mir jetzt vielleicht nützlich sein konnten. Ich weiß noch, wie ich nach einer Reihe von Telefonaten mit der Vorsitzenden dieser Hilfsorganisation, Cecilia Strada, sprechen konnte, die sehr hilfsbereit und zuvorkommend reagierte. Sie telefonierte ihrerseits mit anderen Leuten und tat alles, was in ihrer Macht stand, um sich einen Überblick über die Situation zu verschaffen.

Aber es blieb nicht mehr viel Zeit.

Ich weiß nur, dass es zu Infektionen kam, die meine Mutter überrollt und sie mir genommen haben.

Folgendes möchte ich noch zu *Emergency*, *Ärzte ohne Grenzen* und anderen Nichtregierungsorganisationen sagen: Für uns Afghanen sind sie ein Segen. Jeder, der in Afghanistan Hilfe benötigt, wendet sich an sie. Selbst in hoch entwickelten Ländern, die sich nicht im Krieg befinden, kann das Gesundheitssystem mal versagen. Man kann sich also vorstellen, wie es in einem Land um medizinische Notfälle bestellt ist, in dem seit vierzig Jahren Krieg herrscht.

Es gibt keine einzige Region in Afghanistan, die nicht Krankenhäuser, medizinisches Personal, anständig ausgebildetes Pflegepersonal und medizinische Instrumente bräuchte.

Kann sein, dass in gewissen Tälern ein Arzt – vielleicht der einzige im Umkreis von vielen Kilometern – ein Fieberthermometer, ein Stethoskop oder ein Blutdruckmessgerät besitzt, mehr aber auch nicht. Der misst die Temperatur und den Blutdruck und kann eine Bronchitis diagnostizieren, aber dann? Bei den Medikamenten, die ausgegeben werden können, handelt es sich überwiegend um Schmerzmittel und Antibiotika, viele davon bereits abgelaufen. Aber Geduld! Steht ein Kranker vor der Tür, geht er mit Sicherheit mit einer großen Tüte voller Arzneimittel wieder nach Hause. Es ist schließlich egal, ob die abgelaufen sind oder nicht und ob es die richtige Behandlung ist oder nicht, denn nach der Einnahme wird es ihm schon nicht schlechter gehen als vorher oder schlechter, als wenn er gar nichts genommen hätte. Es kommt vor, dass sich falsche Ärzte dafür bezahlen lassen, Kranken zu raten, sich in eine andere Stadt zu begeben, zu einem anderen Arzt, einem *Spezialisten*, der sich bloß dafür bezahlen lässt, dem Kranken zu raten, sich wieder in eine andere Stadt zu einem anderen Arzt zu begeben, *auch der ein Spezialist, aber einer, der noch stärker spezialisiert ist* und dem Kranken wiederum rät, sich ins Ausland zu begeben, nach Indien vielleicht, zu einem wieder anderen Arzt. Und während die Familie noch versucht, das Geld für die Reise zusammenzubekommen, stirbt der Kranke. Es kommt vor, dass sich die Leute in ihrer Not traditionellen Heilmethoden zuwenden, lokalen Heilern, uralten Praktiken, die vielleicht helfen mögen, eine Nesselsucht zu heilen, aber bestimmt kein Leben retten können, das mit den richtigen Medikamenten und einer schnellen Operation sehr wohl gerettet werden könnte. Es kommt vor, dass Mullahs ihre klar verständlichen spirituellen Trostworte mit einem unverständlichen Gemurmel angeblich magischer Formeln begleiten, ja, dass sie dem Kranken aus unerfindlichen Gründen ins Gesicht pusten oder irgendetwas zusammenmischen, das man in Wasser auflösen oder an einer Schnur um den Hals tragen soll.

Seit vierzig Jahren sterben die Afghanen an vermeidbaren Dingen. Durch feindlichen Beschuss ebenso wie durch Beschuss von der eigenen Seite. Weil Kinder Minen sammeln, die aussehen wie Spielzeug, oder weil man als Mann, der eine Familie zu versorgen hat, auch dann noch nach Arbeit sucht, wenn draußen die Hölle los ist.

Alle kennen die Krankenhäuser von *Emergency* oder *Ärzte ohne Grenzen*. Viele verdanken diesen Ärzten ihr Leben, ein Bein, einen Arm, eine Prothese, die es ihnen erlaubt, wieder arbeiten zu können. Nach jeder Explosion und jedem Attentat bilden sich vor ihren Krankenhäusern im Nu lange Schlangen von Verletzten, deren Verwandten oder Bürgern, die Blut spenden wollen. Und weil es sonst keinen Ort gibt, wo man hingehen könnte, um Recht zu bekommen, drängen sich die Eltern, Kinder und Ehefrauen der Verletzten vor diesen Einrichtungen, um zu beten, und verwandeln sie in etwas ganz anderes. In etwas, das nicht mehr von dieser Welt ist und eher an Heiligtümer erinnert.

Von meiner Schwester erfuhr ich, dass Mama in klaren Momenten, wenn sie aus dem von Beruhigungsmitteln verursachten Dämmerschlaf erwachte, betete. Dass sie in dieser Zwiesprache mit Gott, die in ihrem Leben niemals verstummt ist, nicht eine Sekunde lang, Trost suchte. In ihren klarsten Momenten brüllte sie meine Schwester sogar noch an, weil die sie im achten Schwangerschaftsmonat im Krankenhaus besuchte. Denn wenn es einen Ort gibt, an dem man krank werden kann, einen gefährlichen Ort ohne angemessene Vorsichtsmaßnahmen, dann ist das ein Krankenhaus. Sie solle gefälligst zu Hause bleiben. Genau eine Woche nach dem Unglück murmelte sie: Jetzt reicht es aber, wenn du mich weiterhin besuchst, muss ich Enaiat anrufen und es ihm sagen. Mit dem Hintergedanken, dass ich meine Schwester dann ebenfalls anbrülle. Das ist der letzte Satz, den sie von meiner Mutter hörte: »Geh nach Hause, sonst sag ich es Enaiat!« Noch am selben Tag ist sie gestorben.

Angenommen, man klettert eine Strickleiter hoch, und plötzlich gibt eine der Holzsprossen nach: Schon seit Jahren kletterte ich diese Strickleiter hoch, mal voller Energie, mal erschöpft, manchmal musste ich auch innehalten und kurz verschnaufen, aber dass eine Holzsprosse plötzlich nachgab, war noch nie vorgekommen. Doch diesmal geschah genau das: Ich belastete sie mit dem Fuß und – *knack!* – kaum hatte ich es bemerkt, fiel ich auch schon.

Ich war völlig verwirrt. Vor allem weil ich von nun an auf den harten Aufprall wartete. Ich fiel, und früher oder später würde ich mit Sicherheit auf dem Boden zerschellen, so lief das nun einmal. Doch das passierte nicht. Ich war nicht darauf vorbereitet, den Tod meiner Mutter verarbeiten zu müssen – die Tatsache an sich, aber auch die Unmöglichkeit, ihrer Beerdigung beizuwohnen. Genauso wenig war ich auf die

Folgen vorbereitet, auf den endlosen Fall, in dem ich mich noch Monate später befinden sollte, in ständiger Erwartung eines Aufpralls, der nicht kam. Ich wartete auf den Moment, in dem ich zerschmettert wurde oder mich schlichtweg in Tränen auflöste, nach einem langen, untröstlichen Weinen, sodass ich nicht mehr in der Lage wäre, morgens aufzustehen. Doch nichts davon geschah. Ich fiel einfach nur.

Ich hörte nicht auf, zur Uni zu gehen. Ich hörte nicht auf, zur Arbeit zu gehen. Ich traf mich auch weiterhin mit Ilaria und meinen Freunden, selbst wenn ich diese auf Mitbewohner und den einen oder anderen Kommilitonen beschränkte. Was ich dagegen sehr wohl tat, war, sämtliche öffentlichen Auftritte abzusagen. Die konnte ich unmöglich fortsetzen. *Wie geht es dir? Hast du deine Mutter noch mal wiedergesehen? Fehlt sie dir?* Nein, zu diesem Zeitpunkt war ich nicht in der Lage, auf solche Fragen zu antworten oder darüber zu reden. Hätte ich es versucht, vielleicht sogar von einer Bühne aus, hätte ich kaum mehr als ein Röcheln hervorgebracht. Ich nutze also diese Gelegenheit hier, um mich dafür zu entschuldigen, dass ich Anfang 2014 Veranstaltungen ganz kurzfristig und höchst wortkarg abgesagt habe. Gut möglich, dass das unhöflich war, gut möglich, dass ich den Grund hätte nennen müssen, aber das schaffte ich damals einfach nicht. Ich konnte nicht darüber sprechen und tat nichts bis auf das, was ich nicht lassen konnte, weil ich innerlich unablässig fiel.

Dieser unendlichen Leere hilflos ausgeliefert, konnte ich mich nur noch an eine vorgegebene Routine klammern: Uni – Zuhause – Arbeit. Arbeit – Uni – Zuhause. Zuhause – Arbeit – Uni. Ich schlief so gut wie gar nicht mehr. Ich aß so gut wie gar nichts mehr. Ich verbrachte die Nächte am Küchentisch, im Dunkeln, in stummer Zwiesprache mit meinem Schmerz. Ich versuchte, ihn hervorzulocken, ihn aus dieser seltsamen Apathie hervorzulocken und mich hin und wieder an irgendeinem Vorsprung festzuhalten, der während meines endlosen Falls rechts oder links von mir auftauchte. Ilaria und ich waren noch zusammen. Sie war unglaublich liebevoll und hilfsbereit und versuchte, mir zur Seite zu stehen, aber damals war es vergebliche Liebesmüh. Ich konnte einfach niemanden an mich heranlassen.

Das Ganze dauerte ungefähr ein Jahr. Ein Jahr lang fühlte ich mich wie ein Stück Treibholz, das das Meer einfach nicht mehr ausspuckt. Bis ich eines Tages zu Hause auf dem Sofa, mit gerade mal so viel Energie, die nötig ist, um mithilfe der Computertastatur von einem YouTube-Video zum nächsten zu springen, auf einen Dokumentarfilm stieß. Es war eine populärwissenschaftliche Sendung über das Universum in seinen ersten Lebensmomenten. Keine Ahnung, warum ich mir das ansah, aber noch während ich mich mit der Geschichte dieses absurden Urknalls beschäftigte, mit dem alles seinen Anfang nahm, mit der Einzigartigkeit dieses Ereignisses und so, spürte ich zum ersten Mal seit Monaten, wie sich etwas in mir zu lichten begann. Ich schaute wie hypnotisiert weiter: Vom Urknall kam man über Schwarze Löcher und Supernoven auf Rote Zwerge zu sprechen, und während ich ganz in dieser Geschichte über Sterne und Planeten aufging, als verberge sich das, wonach ich suchte, in kosmischem Hintergrundgeschehen, dachte ich: Mama, wir müssen uns verabschieden.

Ich stellte den Laptop weg und öffnete das Fenster, und während Wind und Sonne mit den Vorhängen spielten, begriff ich, dass ich ihr in erster Linie danken musste – das zuallererst –, um sie anschließend gehen zu lassen.

Deshalb dankte ich ihr für all die Male, die sie mir als Kind den Mund abgewischt, mir etwas gekocht und erlaubt hat, den Topf mit dem Löffel auszukratzen. Für die Dinge, die sie mir damals gesagt und mir so beigebracht hat, wie man sich im Leben verhält. Aber auch für jene, die ich nicht verstanden habe und aus denen ich noch heute nicht schlau werde, und für jene, mit denen ich nicht einverstanden war. Zu merken, dass man nicht einverstanden ist, ist auch ein Weg, sich selbst zu verstehen. Ich verzieh ihr jeden Fehler, denn niemand ist perfekt, auch wenn wir von unseren Eltern eine gewisse Perfektion erwarten. Ich dankte ihr dafür, mich ausgetragen zu haben. Ich betete nicht so, wie sie sich das gewünscht haben mag, denn im Gegensatz zu ihr, die bis zuletzt eine gläubige, praktizierende Muslimin war, kann ich mich höchstens als Agnostiker bezeichnen. Aber ungefähr in der Mitte zwischen ihrem Glauben und meinem Agnostizismus haben wir uns irgendwann getroffen und gegenseitig respektiert.

Danach hörte ich auf zu fallen. Die Strickleiter war immer noch da, sie war die ganze Zeit neben mir gewesen. Ich griff danach und begann wieder hochzuklettern. Ich wusste, dass ich irgendwann auf die kaputte Holzsprosse stoßen würde, aber es galt einfach, gut aufzupassen.

10

Von da an stürzte ich mich wieder aufs Lernen. Das ist schon immer meine wichtigste Zuflucht gewesen und wird es auch bleiben. Lernen heißt träumen. Ein erfülltes, bewusstes Leben führen, sich für die Gesellschaft irgendwie nützlich machen. Sich selbst spüren. Damit meine ich keine unerreichbaren Träume, die sich am nächsten Morgen in Luft auflösen, kaum dass die Sonne Streifen an die Wände wirft, sondern solche, die man verwirklichen kann, wenn man sich nur genügend anstrengt.

Im November zwei Jahre später machte ich meinen Abschluss in Internationale Beziehungen und Entwicklungspolitik mit einer Arbeit über Bildungsprozesse in Afghanistan. Ich habe meinen Lehrer nie vergessen, der sich lieber von den Taliban ermorden ließ, als die Schule zu schließen und den Unterricht einzustellen. Er war mir bis zum Ende meines Studiums ein großes Vorbild. Er und die Tausenden von Dozenten, die in Afghanistan, aber nicht nur dort, ihr Leben dafür gegeben haben, das zu verteidigen, was in der Allgemeinen Erklärung der Menschenrechte verankert ist, dass nämlich jeder das Recht auf unentgeltliche und obligatorische Bildung hat, zumindest auf grundlegendem Niveau. Fach- und Berufsschulunterricht müssen allgemein verfügbar sein, und der

Hochschulunterricht muss allen entsprechend ihren Fähigkeiten offenstehen. Bildung muss auf die volle Entfaltung der menschlichen Persönlichkeit und auf die Stärkung der Grundfreiheiten gerichtet sein. Sie muss zu Verständnis, Toleranz und Freundschaft beitragen.

Während des Studiums habe ich immer wieder darüber nachgedacht, was ich anschließend machen will. Mein größter Wunsch war schon immer der, eine Nichtregierungsorganisation zu gründen, die sich um Bildung kümmert, mit dem Ziel, afghanische Lehrer ausbilden zu lassen, Schulgebäude zu finanzieren und Materialien wie Bücher und Computer für die Schüler zu beschaffen. Noch ist mir das nicht gelungen – aber irgendwann, wer weiß?

Abgesehen von der Freude über den Erfolg und darüber, mir selbst bewiesen zu haben, dass ich das schaffen kann, hat der Universitätsabschluss mein Leben nicht grundlegend verändert. Ich arbeitete auch weiterhin bei der Stiftung für biomedizinische Forschung, wo mein Aufgabenbereich inzwischen erweitert worden war, sodass ich nicht mehr nur Tetris mit Laborzubehör spielte. Ich traf mich mit Freunden, und wenn ich konnte, ging ich ab und zu Fußball spielen. Ein ganz normales Leben. Ich telefonierte häufig mit meiner Schwester und unterstützte sie aus der Ferne. Ich nahm sogar wieder Kontakt zu meinem Bruder auf, der es inzwischen bis nach Australien geschafft hatte, wo er als Flüchtling anerkannt worden war, als Zimmermann und Maurer arbeitete und manch seltsames Missgeschick erlebte – warum, weiß ich nicht genau, aber seit Neuestem schläft er im Auto. Aber so ist er nun mal, und wenn ich ihn träfe, würde ich ihn umarmen und sagen, wie sehr er mir in all den Jahren gefehlt hat. Es ist immer er, der mich anruft, denn wenn *ich* es versuche, hat er gerade die Nummer gewechselt – keine Ahnung, warum er das ständig tut.

Im Frühling 2017 erzählte mir meine Schwester bei einem unserer Telefonate, dass sie schwanger sei: zum fünften Mal. Bisher hatte sie vier Töchter geboren, und ihr Mann und sie wünschten sich verzweifelt einen Sohn. Der Mann war beruflich im Iran und wusste nicht genau, ob er es rechtzeitig zur Geburt nach Hause schaffen würde. Es konnte also sein, dass sie im Sommer, wenn die Wehen kommen würden, allein wäre.

Bloß das nicht!, dachte ich.

Wie soll man allein ein Kind zur Welt bringen, ohne einen Bruder, eine Mutter, ja sogar einen Ehemann? Damals hatte ich einen seltsamen Traum: Aus irgendeinem Grund befand ich mich in einem ausgetrockneten Brunnen, und oben, hoch über meinem Kopf, sah ich ein rundes Stück Himmel und hörte eine Frauenstimme, die aufmunternd rief, ich solle doch irgendwie da rauskommen. Keine Ahnung, was das sollte, aber als ich am nächsten Morgen aufwachte, beschloss ich, dass es Zeit wurde, nach Pakistan zurückzukehren. Ich würde nicht zulassen, dass meine Schwester ohne jede Unterstützung ein Kind zur Welt brachte. Mir blieb nicht viel Zeit, die Formalitäten zu erledigen und ein Visum zu beantragen, aber das musste einfach klappen, ich musste rechtzeitig da sein.

Mein Entschluss, sie wiederzusehen und nach siebzehn Jahren nach Quetta zurückzukehren, fühlte sich an, wie die Finger in die Steckdose zu stecken. Dazu muss man wissen, dass mein Flüchtlingsstatus es mir verwehrt, in meine Heimat Afghanistan zurückzukehren. Für jedes andere Ziel kann ich ein Visum beantragen. Das heißt nicht, dass ich es auch bekomme, aber ein Versuch ist es wert.

Zunächst einmal informierte ich mich auf der Webseite der pakistanischen Botschaft in Rom und schaute nach, was man alles für Papiere vorlegen muss. Ich benötigte mehrere Wochen, um alles zusammenzutragen, und rief dann an, um einen Termin zu vereinbaren. Es hieß, ich müsse fünfzehn Tage warten. Ob mir Montag um halb zehn passe? Ich sagte Ja. Zwei Wochen lang schlief ich mit dem Umschlag voller Papiere unter dem Kopfkissen. Eines Samstagnachmittags fuhr ich nach San Marino, wo ich eine liebe Freundin besuchen wollte, die ich Tante Patrizia nenne, eine Dame, die ich bei einer Lesung kennengelernt habe. Den Sonntag verbrachte ich mit ihr und ihrer Familie. In Rom kam ich am Montagmorgen an, nachdem ich Sonntagnacht aus Bologna aufgebrochen war. Im ersten Morgenlicht frühstückte ich in einer Bar am Bahnhof Termini: einen Cappuccino und ein Cornetto.

Da ich gut in der Zeit war, beschloss ich, zu Fuß zur Via della Camilluccia zu gehen, in der sich die pakistanische Botschaft befindet. Das war ganz schön weit, hinter dem Ponte Milvio und dem Außenministerium. Ich würde bestimmt anderthalb Stunden, wenn nicht sogar länger dafür brauchen, aber ich hatte nichts anderes vor und laufe gern – vor allem frühmorgens, wenn sich die Stadt um mich herum reckt und streckt und langsam erwacht. Die pakistanische Botschaft versteckt sich hinter einer orangeroten Mauer, über die jene wunderbaren Pinien mit ihren schirmartigen Wipfeln hervorragen, die man in Rom überall sieht. Ich war verschwitzt von dem Marsch, und bevor ich an der Pforte vorstellig wurde, wartete ich, bis mir der Wind Stirn und Hemd getrocknet hatte. Ein Hemd mit Schweißflecken macht nie einen guten Eindruck. Ein Pförtner fragte, ob ich einen Termin hätte. »Ja«, sagte ich. Er schaute auf einer Liste nach und erlaubte mir, den Hof zu betreten, wo ich mein Handy in einen Korb auf einem Tisch legen sollte. Ich bekam eine Nummer und musste warten, bis ich an der Reihe wäre.

Es waren ein Dutzend Leute da, Pakistaner, Italiener. Der Botschaftsbeamte, der die Menschen hinter seinem Schalter empfing, war gut gekleidet, wirkte aber recht mürrisch. Als der Mann vor mir kopfschüttelnd davonging, trat ich näher und versuchte, das sympathischste, liebenswürdigste Gesicht überhaupt aufzusetzen. Am Schalter sagte ich: »Guten Tag«, doch der Beamte reagierte nicht. Ich wartete darauf, dass er etwas sagte, denn er hackte auf seiner Computertastatur herum. Als er mich endlich wahrnahm und aufschaute, begann ich, noch ehe er etwas äußern konnte, auf Italienisch zu sprechen, so etwas wie: »Hallo, guten Tag, ich bräuchte …«

Doch er würgte mich sofort ab und sagte etwas auf Urdu.

»Wie bitte?«, meinte ich.

Wieder antwortete er auf Urdu, und das auch noch nuschelnd.

Nun, ich spreche kein Urdu. In den anderthalb Jahren, die ich als Kind in Quetta gelebt hatte, hatte ich ein paar Sätze gelernt, das Nötigste, um mich durchzuschlagen, aber das war's dann auch schon. Das teilte ich ihm mit: »Hören Sie, ich spreche kein Urdu, ich bin kein Pakistaner, sondern Afghane.« Um noch etwas zu ergänzen, das er bestimmt längst bemerkt hatte, nämlich dass ich ein Hazara war, also im Grunde nicht einmal Afghane.

Er antwortete auf Urdu – schon wieder.

Da gab ich es auf und versuchte mich in seiner Sprache. Ich erklärte, dass ich meine Familie in Quetta besuchen wolle. Ich zeigte ihm die geforderten Papiere. Er nahm sie, überflog sie, gab sie mir dann zurück und meinte, das sei nicht möglich, ich erfülle nicht die Voraussetzungen für ein Visum. Das alles ohne die geringste menschliche Regung.

»Was?«, sagte ich. »Wieso das denn?«

Doch er antwortete nicht. Er schrieb wieder etwas an seinem Computer und winkte mich beiseite, damit der Nächste vortreten konnte. Ich war viel zu aufgeregt, um einen klaren Gedanken zu fassen, weshalb ich gehorchte. Doch ich ging nicht weg. Ich verließ nicht die Botschaft, sondern setzte mich wieder, schwer atmend, als wäre ich gerannt. Nach einer Weile sah ich, dass hinter einem anderen Schalter ein junger Mann saß. Einer, der nur wenige Jahre älter war als ich, vermutlich ein Italiener. Ich nahm all meinen Mut zusammen. In der Hoffnung, dass sich der mürrische Kerl nicht einmischen würde, wartete ich, bis ich mit ihm sprechen konnte, und trat näher.

»Wie kann ich Ihnen helfen?«

»Ich würde gern ein Touristenvisum beantragen. Meine Familie lebt in Quetta, und wir haben uns schon viele Jahre nicht mehr gesehen. Ich würde sie gern besuchen.«

»Ah, verstehe. Und seit wann leben Ihre Verwandten in Pakistan?«

»Seit einigen Jahren.«

»Seit wie vielen?«

Mir fiel wieder ein, dass meine Schwester dort schon gelebt hatte, bevor ich Onkel Asan bat, sie zu suchen, also seit mindestens acht, wenn nicht sogar neun Jahren. »Zehn«, sagte ich.

»Zehn, verstehe. Halten sie sich legal dort auf?«

»Ja.«

»Besitzen Sie ein eigenes Haus?«

Was für ein Glück! Das Geld dafür hatte ich meiner Schwester noch im Vorjahr geschickt. »Ja, sie besitzen ein eigenes Haus.«

»Können Sie mir ihre Ausweise zeigen? Ich benötige auch die Stromrechnung des Hauses, in dem sie leben.«

»Wie bitte?«

»Ich brauche ihre Ausweise – die Ihrer Verwandten, meine ich. Eine Fotokopie. Und ihre Stromrechnung, die beweist, dass das Haus wirklich ihnen gehört.«

Ich hatte das Gefühl, in einen Abgrund zu fallen. »Die hab ich nicht«, sagte ich. »Ich wusste nicht, dass ich so etwas brauche.«

»Tut mir leid, aber ohne das kann ich den Vorgang nicht abschließen.

»Will heißen?«

»Will heißen, dass Sie mit den erforderlichen Unterlagen ein andermal wiederkommen müssen.«

»Aber ich lebe in Turin.«

Der junge Mann zog ein betrübtes Gesicht.

»Kann ich sie Ihnen auch schicken?«

»Nein, tut mir leid. Sie müssen persönlich vorsprechen.«

»Oh.«

»Es tut mir aufrichtig leid«, sagte der junge Mann.

Ich war schon froh, dass ich es mit einem Menschen zu tun zu haben schien. »Na gut, trotzdem danke. Dann komm ich eben noch mal wieder.«

Mein Zug ging am Nachmittag. Während ich den Weg, den ich gekommen war, zu Fuß zum Bahnhof zurücklief, um meine Enttäuschung zu verdauen, rief ich meine Schwester an und erklärte ihr, was sie mir schicken müsse. Ich ahnte schon, was das Problem war, nämlich dass ich das Haus in Quetta zwar nach dem Tod unserer Mutter gekauft hatte, dass es aber nicht direkt auf sie, meine Schwester oder ihren Mann eingetragen war, sondern auf einen Bekannten. Ganz einfach, weil es nicht stimmte, dass sie sich legal in Pakistan aufhielten. Es ist nun mal so, dass es für Hazara extrem schwer ist, einen Ort zu finden, an dem sie sich legal niederlassen dürfen – außer sie stehen gerade unter humanitärem Schutz oder so. Das war keine Kleinigkeit, aber ein Problem, das sich, wie alles dort, mit einer gewissen »kreativen Bürokratie« lösen ließ. Also machten wir uns an die Arbeit und suchten nach einem Reisebüro in Hazara Town, das uns weiterhelfen konnte – ja genau, die Reisebüros in Hazara Town sind schon sehr speziell. Sagen wir mal so: Sie kümmern sich nicht nur um Fahrscheine. Einen Monat nach meiner ersten Romreise rief ich die pakistanische Botschaft an, um einen zweiten Termin zu vereinbaren.

Nachtzug, Cappuccino und Cornetto am Bahnhof Termini, Spaziergang zur Via della Camilluccia, Portiersloge, *Gehen Sie nur*, Handy in den Korb im Innenhof. Hinter dem Schalter befand sich nicht der unfreundliche Beamte vom letzten Mal und auch nicht der junge Italiener, sondern wieder jemand anders. Ich setzte mich und wartete, bis ich an die Reihe kam. Ich war besorgt. Die Papiere waren nicht exakt die geforderten, sondern etwas Ähnliches. Als ich sie dem Beamten gab, wollte er alle sehen, auch die, die schon beim letzten Mal geprüft worden waren. Ich erklärte, dass ich schon einmal da gewesen sei, und während er meine Unterlagen durchblätterte, sie eher zählte als las, so als ginge es um die schiere Menge oder ihr Gewicht, murmelte er irgendwann auf Italienisch mit exotischem Akzent: »Es fehlen die Geburtsurkunden der Eltern.«

»*Was* bitte schön?«

»Die Geburtsurkunden.«

»Meiner Eltern?«

»Ja.«

»Wozu denn das?«

»Damit wir sicher sein können, dass Sie Afghane sind.«

»Aber ich bin Afghane! In meinen Papieren steht, dass ich Afghane bin. Das steht überall, auch in meinem Pass.«

»Ich benötige die Geburtsurkunden Ihrer Eltern.«

»Aber das ergibt doch überhaupt keinen Sinn.«

…

…

»Haben Sie die Geburtsurkunden Ihrer Eltern nicht dabei?«

Ich versuchte, meine Wut hinunterzuschlucken. Natürlich

hatte ich die nicht dabei. Zunächst einmal, weil mir niemand gesagt hatte, dass ich sie mitbringen muss, und dann auch noch aus zig anderen Gründen, weil meine Eltern tot sind zum Beispiel und ich keine Ahnung habe, wo ihre Papiere sind – mal abgesehen davon, dass sie nie eine Geburtsurkunde besessen haben.

In diesem Moment wurde es unruhig hinter mir. Ich hörte, wie jemand auf Urdu etwas brüllte. Einer der Männer in der Schlange war sich mit einem Botschaftsangestellten in die Haare geraten. Der Typ, der sich um mich kümmerte, blieb völlig ungerührt. Nachdem die Auseinandersetzung dank des Einschreitens des Sicherheitsdienstes beendet worden war, drehte ich mich wieder um, und er sah mich an, als wäre nicht das Geringste geschehen. »Und?«, sagte er. »Sie haben also die Geburtsurkunden Ihrer Eltern nicht dabei?«

Wieder in Turin, machte ich mehrere Anrufe. Ein Freund meinte: »Ach, das stimmt doch gar nicht, dass die diese Urkunden brauchen. Die wollen dich bloß schikanieren.« Doch Schikane hin oder her, ich brauchte dringend dieses Visum, um rechtzeitig dort sein zu können, wenn meine Schwester ihr Kind bekam. Also beschaffte ich diese Geburtsurkunden. Man stelle sich einen beliebigen Wisch vor. Einen, der keinerlei Gültigkeit besitzt, wirklich nicht die geringste. Aber als ich zum dritten Mal nach Rom fuhr – Nachtzug, Cappuccino und Cornetto am Bahnhof Termini, Spaziergang, Portiersloge, *Gehen Sie nur*, Handy –, schaute der Beamte, der aussah wie der von der Auseinandersetzung beim letzten Mal, kaum hin. Als wäre es das Selbstverständlichste von der Welt, nahm er meinen Pass und sagte: »Dem Visumantrag wird stattgegeben. Kommen Sie in fünfzehn Tagen wieder.«

O nein, wieso denn das?, dachte ich. Schon wieder? Laut sagte ich allerdings: »Können Sie mir das nicht schicken?«

»Selbstverständlich, wenn Sie uns das Geld dalassen.«

Ich fragte, was das koste.

Er sagte es mir.

Ich zahlte.

»Der Nächste bitte!«

11

Keine Ahnung, wie ich zum Flughafen Malpensa gelangt bin. Nachdem ich das Visum für Pakistan in Händen hielt und noch bevor ich meinem Urlaub einreichte, kaufte ich ein Hin- und Rückflugticket nach Quetta, über Dubai und Islamabad, und gab meiner Schwester Bescheid, dass ich kommen würde – allerdings ohne ein genaues Datum zu nennen, weil ich sie überraschen und vor allem nicht enttäuschen wollte, sollte doch noch etwas dazwischenkommen.

Dieser gesamte Zeitraum liegt wie hinter einem leuchtenden Nebel verborgen: Tage rasender Stille, nervösen Wartens. In der Schlange am Gate hatte ich das Gefühl, eine schwere Wärmflasche lastete auf meiner Brust. Als ich sie das letzte Mal gesehen hatte, war meine Schwester ein Mädchen gewesen, das gern auf das Dach unseres Hauses in Nawa kletterte – *ze berar jan khabar medadi mara, auf dass ich Nachricht von meinem Bruder bekommen werde* –, während sie jetzt verheiratet war, Mutter von vier Töchtern und mit dem fünften Kind schwanger, von dem wir alle inständig hofften, es würde ein Junge werden.

Auf der Reise schaute ich mir keinen einzigen Film an, las kein einziges Buch und hörte keine Musik, so sehr war ich selbst von Bildern, Worten und Geräuschen erfüllt. Von Malpensa aus flogen wir nach Dubai. Der Flughafen sah genauso aus, wie man sich den Flughafen von Dubai so vorstellt: luxuriös und glitzernd. Von dort aus nahm ich ein Flugzeug nach Islamabad, die Hauptstadt Pakistans, die im Nordosten liegt, unweit von Kaschmir. Wir landeten mitten in der Nacht, trotzdem war es wahnsinnig heiß. Die Feuchtigkeit verdampfte auf dem Asphalt und hing in der Luft wie zähflüssiger Honig; es roch süßlich – vielleicht wegen des Smogs oder der vielen Pollen in der Luft.

Der Flug nach Quetta ging am nächsten Morgen. Obwohl ich auf der Durchreise war, hieß es, ich müsse mein Gepäck abholen und den Flughafen verlassen, um es dann erneut wieder aufzugeben. Es dauerte ewig, bis wir unser Gepäck bekamen, aber ich hatte es nicht eilig. Nachdem ich den Koffer abgeholt hatte, ging ich zur Zollkontrolle, den Rucksack geschultert. Ein Mann um die fünfzig hatte gerade Dienst: zerfurchte Stirn, Hakennase, riesiger Schnauzbart. Voller Angst näherte ich mich ihm. Doch er wandte sich auf Dari an mich. Nach allem, was ich in der Botschaft erlebt hatte, war ich schon darauf gefasst gewesen, auch hier auf Urdu stammeln zu müssen, um mich verständlich zu machen. Stattdessen begrüßte er mich in meiner Muttersprache, als wäre es das Selbstverständlichste von der Welt. Wie nett, immerhin!, dachte ich. Er bat mich um meine Papiere. Ich gab sie ihm. Während er sie gründlich musterte und ins Licht hielt, fragte er, wohin ich wolle.

»Zu meinen Verwandten nach Quetta.«

»Zu welchen Verwandten genau?«

»Zu meiner Schwester. Sie kriegt demnächst ein Kind.«

»Wie schön.«

»Tashakor.«

»Seit wann leben Sie in Italien?«

»Seit dreizehn Jahren.«

Er zeigte auf den Tisch und bat mich, mein Gepäck aufzuklappen, sowohl den Koffer als auch den Rucksack. Während ich an den Schnallen und Verschlüssen herumfummelte, sagte ich, ich könne den Rucksack nicht *aufklappen*, sondern höchstens die Klamotten herausziehen. Er warf mir einen verschmitzten Blick zu, so nach dem Motto, »Lassen Sie nur, das passt schon«. Dann trat er neben mich, erkundigte sich freundlich, wie die Reise gewesen sei – »Gut, danke« –, riss ein paar Witze über das Essen, das einem im Flugzeug serviert wird, und sagte dann unvermittelt, dass es doch nett wäre, wenn ich ihm ein Trinkgeld geben würde, ein paar Münzen für einen *Dood Pathi* (damit meinte er diesen ekelhaften Tee, der mit Milch, Zucker und Kardamom gekocht wird).

Ich sah ihn an. Er zwinkerte mir zu. Geht das schon wieder los!, dachte ich.

Ich erwiderte, dass ich leider kein pakistanisches Geld bei mir habe. Er entgegnete, das mache nichts: Euro oder Dollar gingen auch. Ich meinte, ich habe kein Geld für ihn, egal in welcher Währung. Ich habe nur sehr wenig Bargeld dabei, und das sei für meine Familie bestimmt. Der Zollbeamte beugte sich stumm über meinen Rucksack, zog den Reißverschluss auf, ohne um Erlaubnis zu fragen, und wühlte wie ein Goldgräber in meinen Klamotten, vollkommen ungerührt, als hätte er alle Zeit der Welt, obwohl schon jede Menge Leute hinter mir warteten.

Ich hatte meinen Nichten Geschenke gekauft. Da ich nicht wusste, was ich ihnen mitbringen sollte, hatte ich Freundinnen gefragt, die mir für die Kleinen irgendwelchen Schnickschnack zum Film *Die Eiskönigin* empfohlen hatten – Stifte, Hefte, T-Shirts –, sowie Schminkzeug oder Parfüm für die Älteste, die inzwischen fast schon eine junge Frau war.

Der schnauzbärtige Zöllner griff zu einer goldenen Schachtel. »Was ist das?«

»Ein Geschenk für meine Nichte.«

»Oh, ein Geschenk für Ihre Nichte.«

»Ja.«

»Was ist da drin?«

»Ein Parfüm.«

»Ein gutes Parfüm?«

»Keine Ahnung – ich hoffe, dass es ihr gefällt.«

»Darf ich?« Ohne meine Antwort abzuwarten, öffnete er die Schachtel und nahm den Flakon heraus. Er versprühte ein wenig von dem Duft, schnupperte daran und zog ein zufriedenes Gesicht. Dann nebelte er sich Hals und Handgelenke damit ein. Ich stand kurz davor, ihm zu sagen, dass das ein Damenparfüm sei und eher nichts für Riesenschnauzbärte, aber dann hätte ich ihn vielleicht beleidigt, und das wollte ich unbedingt vermeiden. Er warf den Flakon zurück in den Koffer, ohne ihn auch nur in die Schachtel zurückzustecken. »Wir können gerne Stunden hier verbringen«, sagte er zu mir.

Ich überlegte, ob ich ihm mitteilen sollte, dass mein Flugzeug nach Quetta erst am nächsten Morgen ging und ich die ganze Nacht Zeit hatte, aber mit Ironie würde ich auch nicht weiterkommen. Hätte ich allerdings klein beigegeben, wäre ich alle naselang auf jemanden gestoßen, der mich um mein

Geld bringen wollte. Ich hatte mir geschworen, von Anfang an hart zu bleiben. Also erwiderte ich, dass ich ihn ja verstehe und mir das auch sehr leidtue, aber ich sei einfach nicht in der Lage, ihn zu bezahlen, und könne daher nicht viel mehr tun, als an sein Verständnis zu appellieren. Währenddessen versuchte ich die Nägel, die ich zwischen den Zähnen oder besser noch an ihrer Stelle zu haben schien, in Schmetterlinge zu verwandeln.

Er erstarrte und murmelte etwas auf Urdu, das ich nicht verstand. Ich konnte nur beten, dass dieser Zirkus rechtzeitig vor meinem Weiterflug vorbei wäre. So als wäre mein Flehen erhört worden, tauchte ein Kollege von ihm auf, ein Vorgesetzter vielleicht, der wissen wollte, ob es Probleme gebe – warum er so lange brauche, um mich durchzuwinken. »Es warten schon jede Menge Leute.« Der Mann mit dem Schnauzbart beschwerte sich und sagte wortwörtlich, die Afghanen seien seine Bank (unglaublich, aber wahr!), und er könne mich auf keinen Fall ohne Gegenleistung durchlassen. Die beiden grinsten, aber der Zweite meinte, er solle sich beeilen, es würden schließlich noch andere Afghanen kommen. »Schau, dass du dieses Stück Dreck hier fortschaffst!«, meinte er und bedeutete dem Nächsten, vorzutreten.

Kaum war ich durch den Zoll, merkte ich, dass es nicht möglich war, im Flughafengebäude zu übernachten. Islamabad ist eine schöne Stadt voller Parks, aber mit einem Rucksack und einem Koffer übernachtet man nicht auf einer Parkbank. Ich hatte Angst, einzudösen und beim Aufwachen feststellen zu müssen, dass beides verschwunden ist. Deshalb verließ ich zwar den Flughafen, ging aber nur dreihundert Meter bis zu einer überdachten Bushaltestelle. Auf den Koffer setzte ich mich einfach drauf. Den Rucksack stellte ich auf den Boden, steckte aber zur Sicherheit den Fuß durch einen der Träger. Den Rest der Nacht verbrachte ich damit, hartnäckig die endlosen Angebote abzulehnen, mich wer weiß wohin zu begleiten, mit dem Versprechen, mich rechtzeitig zu meinem Flug wieder zurückzubringen.

Nachdem ich am nächsten Tag den Flieger nach Quetta bestiegen und mit mehr als einer Stunde Verspätung abgehoben hatte, schlief ich, kaum dass ich mich hingesetzt und angeschnallt hatte, sofort ein. Erst bei der Landung wurde ich wieder wach. Ich rieb mir die Augen und schaute aus dem Fenster. Quetta flimmerte unter einem klaren Himmel.

Ich war wieder dort, wo ich hergekommen war. Nur dass ich mit dem Flugzeug zurückgekehrt war. Mit Federmäppchen und Glitterkram zur *Eiskönigin* im Gepäck. Wer hätte das gedacht!

Es war ein ungewöhnlich sonniger Tag, alles leuchtete, und die Luft war flüssig wegen der Hitze. Ich hatte mich mit Zaher, dem Bruder eines Freundes aus Turin, verabredet. Er würde mich vom Flughafen abholen und nach Hazara Town bringen, mithilfe eines ihm bekannten Taxifahrers. Denn sich dem Erstbesten anzuvertrauen, der zufällig vorbeikommt, ist nicht zu empfehlen. »Ich warte mit einem Blumenstrauß auf dich«, hatte Zaher gesagt, was ich für einen Scherz hielt. Doch als ich in die Ankunftshalle kam, wartete ein gut gelaunter junger Mann auf mich, einen großen Strauß künstlicher

Blumen in der Hand. Wir küssten und umarmten uns, als würden wir uns schon ewig kennen. Ich war mit meinen Kräften am Ende und gleichzeitig vollkommen euphorisch.

Während ich mein Gepäck im Auto verstaute, diskutierte Zaher mit dem Taxifahrer. Sie hatten bereits einen Fixpreis für die Strecke vom Flughafen bis nach Hazara Town und wieder zurück vereinbart, aber aus irgendeinem Grund schien der Fahrer nachverhandeln zu wollen. Die beiden wurden laut und begannen zu streiten. Der Taxifahrer wollte das Doppelte. Zaher brüllte, er sei ein Betrüger, das komme überhaupt nicht infrage. Ich dagegen wusste nur, dass ich am Ende war: Ich fühlte mich verklebt und verschwitzt, wollte nur noch duschen, zum Haus meiner Schwester und sie ganz fest umarmen – sie und meine Nichten, die ich außer auf Fotos noch nie gesehen hatte. Deshalb nahm ich Zaher beiseite und sagte, ich sei einverstanden, schließlich bezahlte ich den Mann ja. Er solle ruhig das Doppelte vereinbaren. »Nein«, sagte er, das gehe nicht, das sei ein Arschloch. Worauf ich erklärte, wenn ein völlig Erschöpfter auf ein Arschloch treffe, dann müsse man eben akzeptieren, dass das Arschloch den Sieg davontrage.

So manches hatte sich verändert in den Straßen von Quetta, doch vieles war auch gleich geblieben. Der Verkehr war nach wie vor derselbe: Autos, Motorräder, *Ragsha* – Autorikschas –, Pferde, Karren, Hunde, Kinder, Esel, Laster, Lieferwagen. Alle auf derselben Spur, in einer Art langsamem unablässigen Tanz begriffen, der dafür sorgte, dass man nie anhalten musste und gleichzeitig die schlimmsten Unfälle vermied.

Der Taxifahrer gab uns zwei traditionelle *Sindhi*-Kappen, kreisrund mit Stirnausschnitt, der sich wie ein Vorhang teilt, und mit komplexen geometrischen Stickereien verziert. »Aufsetzen!«, befahl er.

»Warum?«

»Weil das besser ist. So fallen wir weniger auf.«

Zaher setzte seine ohne Widerrede auf. »Ein Hazara, der vom Flughafen kommt – das ist fast so etwas wie ein Freibrief«, meinte er.

Zwanzig Minuten lang lief alles glatt. Ich plauderte ein wenig mit Zaher, musterte die Leute auf der Straße, aber irgendwann hielt das Taxi aus irgendeinem Grund an, und ein Eselkarren schrammte die rechte Autoflanke. Der Taxifahrer sprang wütend aus dem Wagen. Er und der Kutscher des Eselkarrens schrien sich auf Urdu an, sodass ich nicht viel verstand. Dem einen oder anderen Wort konnte ich jedoch entnehmen, dass der Kutscher meinte, Autos, die bremsten, bekämen einen roten Hintern – genauso drückte er sich aus, das weiß ich deshalb so genau, weil »Hintern« eines der ersten Wörter ist, die ich als Kind gelernt habe. Wenn man noch klein ist, lernt man in einer fremden Sprache zunächst die Wörter, mit denen man seine Freunde beleidigen kann. Wie dem auch sei, die Autos bekämen einen roten Hintern – womit er die Rücklichter, die Stopplichter meinte –, das von Zaher habe aber keinen roten Hintern bekommen, weshalb der Esel nicht gemerkt habe, dass das Taxi anhalte. Sein Esel sei nämlich einer, der merke, wenn ein Auto einen roten Hintern bekommt, und wisse, dass er dann anhalten müsse. Der Taxifahrer erwiderte, dass die Stopplichter kaputt seien und was weiß ich noch alles, doch da musste er sich bereits in die Logik mit dem Esel geschickt haben, weil er bald darauf wieder ins Auto stieg und abwinkte, als wollte er sagen, »Na gut, na gut, nur Geduld«.

Wir setzten uns erneut in Bewegung. Unser Fahrer war schlecht gelaunt und schaltete das Radio an, aus dem ein pakistanischer Popsong plärrte – es war schon eine Ewigkeit her, dass ich solche Musik gehört hatte. Zaher sagte irgendetwas, aber ich war fasziniert von dem, was ich durchs Autofenster sah, und außerdem viel zu müde, um ihm noch folgen zu können. Er erkundigte sich nach seinem Bruder in Turin. Ich antwortete einsilbig. Ob ich von hier aus wohl zum *Samavat Qgazi* gelangen könnte? Würde ich ihn überhaupt wiederfinden? War Onkel Rahim noch am Leben? Sufi fiel mir ein, an den ich schon lange nicht mehr gedacht hatte: Wer weiß, wo er steckte, was er machte und ob er nur halb so viel Glück gehabt hatte wie ich. Wir waren noch eine Viertelstunde von Hazara Town entfernt, als der Fahrer erneut fluchte, wenn auch leise, bremste und rechts ranfuhr. Diesmal war eine Straßensperre der Grund.

»Du bleibst stumm, verstanden?«, meinte Zaher. »Lass mich das machen.«

Die Polizisten traten näher und wollten unsere Ausweise sehen. Ich griff nach meinem Pass.

»Nein, was machst du da, bist du verrückt geworden?«, zischte Zaher. »Lass stecken! Gib deinen Pass niemals aus der Hand, kapiert? Und schon gar nicht der Polizei. Gib ihnen irgendetwas anderes. Hast du einen Ausweis mit Foto?«

»Meinen Studentenausweis.«

»Gib her.«

Die Polizisten wollten wissen, woher ich komme. Der Taxifahrer versuchte, mit ein paar Witzen das Thema zu wechseln, aber die Polizisten fanden ihn nicht so sympathisch wie erhofft. Sie hakten nach und drohten, den Kofferraum zu öffnen, in dem natürlich mein Rucksack und mein Koffer lagen. Den Blicken zwischen Zaher und dem Taxifahrer entnahm ich, dass es ein Problem wäre, wenn sie mein Gepäck fänden: Einen westlichen Rucksack, einen fast neuen Koffer – so etwas haben nur Leute mit Geld. Der Taxifahrer zückte ein paar Scheine und drückte sie den Polizisten in die Hand. Zaher nickte. Die Männer nahmen sie, ohne überhaupt richtig hinzuschauen. Bevor wir weiterfuhren, hatten sie bereits das nächste Auto angehalten.

Ich sagte zum Taxifahrer, dass ich ihm das Geld ersetzen werde.

Er lehnte ab, das sei im Preis inbegriffen.

Kurz darauf merkte ich, dass er eine Straße nahm, die uns wieder zum Flughafen bringen würde. »He! Was machst du da?«, sagte ich. »Du fährst in die falsche Richtung.«

»Wir müssen das Auto wechseln.«

»Warum?«

»Die Polizei. Die werden schon ihre Kollegen informiert haben.«

»Informiert? Worüber?«

»Die werden uns erneut anhalten und noch mehr Geld verlangen. Deshalb müssen wir das Auto wechseln. Ich habe einen Freund, der ganz in der Nähe wohnt. Auch ein Taxifahrer. Ich geb ihm mein Auto, und wir nehmen seines.«

»Im Ernst?«, fragte ich Zaher.

Der zuckte nur mit den Schultern. »So ist das hier eben.«

Und mit diesem neuen Auto erreichten wir schließlich Hazara Town.

12

Um hineinzukommen, mussten wir erst einen Checkpoint überwinden. Wieder fragte man nach meinen Papieren. In dem Moment fühlte ich mich fast wie zu Hause und wollte schon aussteigen, doch der Taxifahrer hielt mich davon ab. Er wiederholte, was schon Zaher gesagt hatte: »Gib deinen Pass niemals aus der Hand!« Wieder war er es, der mit den Checkpoint-Milizen sprach und jemandem Geld zusteckte. Wahnsinn!, dachte ich. Egal wie hoch die Summe sein mag, die Zaher ausgehandelt hat und die wir dann verdoppeln mussten – dieser Taxifahrer ist wirklich jede Rupie wert.

Hazara Town. Anderthalb Millionen Einwohner: zwei Drittel Hazara, ein Drittel Paschtunen und Belutschen. Die ersten Siedlungen hier gehen aufs 19. Jahrhundert zurück, auf den Anglo-Afghanischen Krieg von 1839. Im 20. Jahrhundert wuchsen sie dann. Aber erst in den letzten vierzig Jahren ununterbrochener Konflikte sind sie förmlich explodiert, bis sie zu einer Stadt in der Stadt wurden, mit einem eigenen Wirtschaftskreislauf, mit Märkten, Läden, einer eigenen Polizei, mit eigenen Schulen und Krankenhäusern.

Es waren viele Leute unterwegs, und die Wärmflasche, die seit Malpensa auf meiner Brust lastete, wurde noch schwerer: Ich konnte kaum glauben, dass ich tatsächlich kurz davorstand, meine Schwester wiederzusehen – nach siebzehn Jahren! Unter meinen Fußsohlen schienen Ameisen zu kribbeln, und ich konnte mich gar nicht sattsehen an allem: an den Gesichtern, den Obst- und Gemüsekörben vor den Geschäften, den Schildern. Nie hätte ich gedacht, dass Hazara Town so groß, so gut organisiert war.

Natürlich gab es auch jede Menge Probleme. Zaher erzählte, dass häufig der Strom ausfiel, um nur ein Beispiel zu nennen. Morgens beim Aufwachen war er vielleicht noch da, um dann gegen zehn auszufallen, um drei Uhr nachmittags zurückzukommen, aber zur Abendessenszeit erneut weg zu sein, sodass man gezwungen war, bei Kerzenlicht zu essen. Man musste also stets Kerzen im Haus haben. Auch die Wasserversorgung war chaotisch. Nur wenige Häuser besaßen eigene Wassertanks. Normalerweise versorgten sich die Leute aus Zisternen, die in Innenhöfen und am Straßenrand standen. Die wurden in regelmäßigen Abständen gefüllt, und wenn der Tankwagen kam, wurden sie regelrecht gestürmt: Die Menschen strömten mit Eimern herbei, selbst bei Nacht oder im Morgengrauen. Es sei nicht der Staat, der für Wasser sorge, so Zaher, sondern private Firmen. Der Staat tat nur wenig für Hazara Town. Wasser und Strom gab es bloß sporadisch, dafür sah man jede Menge Altgoldhändler oder elegante Bekleidungsgeschäfte. Es musste also auch Leute geben, denen es richtig gut ging, auch wenn keiner so recht wusste, warum. Ein Ort voller Gegensätze.

Wie so oft in Städten mit vielen Migranten aus dem Ausland – meist armen Leuten, die nur den eigenen Dialekt beherrschen und die eigenen Speisen und Traditionen gewohnt sind – hatten sich die Hazara nach ihrer jeweiligen Herkunft zusammengetan. Suchte man Aufnahme, genügte es, sich in das Viertel zu begeben, in dem die Menschen aus der eigenen Provinz oder sogar dem eigenen kleinen Dorf lebten. Auf diese Weise ließen sich auch Freunde oder Verwandte ausfindig machen.

Wir kamen zu einer Gasse mit vielen Pollern für *Ragsha* – einer anders als der andere, als wären sie selbst gebastelt. Sie zwangen die Fahrzeuge, ihr Tempo zu drosseln, damit die Kinder auf der Straße spielen und durch die Gegend streifen konnten wie zu Hause auf dem Land im Hazarajat. Wir hielten vor einem niedrigen Gebäude, dessen Fassade fast völlig von Wein bedeckt war, der sich an einer Pergola hochrankte. Auf dem Dach stand eine alte Metallzisterne, sodass der nötige Wasserdruck gewährleistet war. Das Tor zum Vorgarten war türkis. Ich weiß noch, wie ich dachte, das Tor ist ja riesig, zumindest im Vergleich zu der Gasse, die so schmal war, dass kaum ein einzelnes Auto hindurchpasste. Ganz so, als hätte man es errichtet, als sich noch ein richtiger Platz davor befand, der dann wild zugebaut worden war.

Das Taxi hielt.

»Das ist es?«

»Ja«, sagte Zaher.

Ich bekam kaum noch Luft. Ich lud mein Gepäck aus und wühlte im Rucksack nach dem in einer Innentasche versteckten Geld, um den Fahrer zu bezahlen. Mir zitterten die Hände. Ich sagte, ich habe leider keine Rupien, ob ich auch in Euro zahlen könne, doch der Mann schüttelte den Kopf, er wolle lieber Rupien. Zum Glück hatte Zaher genug dabei. Ihm gab ich die Euro.

»Dann geh ich mal.«

»Willst du nicht mit reinkommen?«

»Nein, nein. Das ist ein Moment, der nur euch gehört, ich würde da bloß stören.«

»Danke«, sagte ich.

»Wie lange bleibst du?«

»Einen Monat.«

»Dann werden wir uns bestimmt noch sehen.«

»Unbedingt!«

…

…

»Jetzt geh schon!«, meinte er und reckte die Faust, als wollte er sagen: »Nur Mut, klopf an!«

Ich drehte mich um und klopfte vorsichtig gegen das türkisfarbene Tor, so als hätte ich Angst, zu stören oder jemanden zu wecken. Keine Reaktion. Ich klopfte erneut, immer noch vorsichtig.

»Was machst du da?«, sagte Zaher. »Du musst dringend etwas essen und dich hinlegen, mein Freund.« Er ging an mir vorbei und donnerte mehrfach gegen das Metall.

»Nicht doch!«, rief ich. »Du erschreckst sie noch …«

Doch in diesem Moment hörte ich ein Schlurfen. Das Schloss schnappte auf, und das Gesicht einer jungen Frau tauchte auf – meine Nichte? War das die Erstgeborene? Ich sah nur die Gesichtshälfte, die von der Sonne erhellt wurde. Sie musterte erst mich, dann Zaher, anschließend wieder mich. Bis der Groschen fiel. Da begann sie zu strahlen. Sie riss Mund und Tür auf und rief: »Der Onkel ist da! Der Onkel ist da!« Anschließend floh sie ins Halbdunkel des Hauses.

Ich griff zu meinem Koffer. »Danke, Zaher.«

»Gern geschehen. Und jetzt genieß das Wunder.«

Genau das waren seine Worte, und er hatte recht: Es war wie ein Wunder.

Ich trat ein, schloss die Tür hinter mir und hörte Kinderstimmen. Ich hatte kaum Zeit mich umzusehen, die weißen Wände, die Teppiche auf mich wirken zu lassen, als die anderen Nichten bereits auf mich zurannten. In mehreren Metern Entfernung blieben sie stehen und betrachteten mich, schüchtern, misstrauisch. Sie wussten einfach nicht, wie sie sich mir gegenüber verhalten sollten. Ich begrüßte sie und bedeutete ihnen näher zu kommen, doch sie blieben stumm, distanziert, musterten mich und liebkosten mich mit ihren Blicken. Dann hörte ich Schritte auf der Treppe ins Souterrain. Der Scheitel eines Frauenkopfs tauchte auf. Dann Stirn, Augen, Nase, Mund, Bauch. Meine Schwester hielt sich den Bauch, der riesig war und spitz vorstand. Mir blieb die Luft weg. Innerlich jubelte ich. Ich zog die Schuhe aus und trat vor. Stumm. Ich sah sie nur an, und sie sah mich an, so als suchten wir beim jeweils anderen nach Spuren des Bruders, der Schwester, die wir zurückgelassen hatten. Bis ich merkte, dass Gucken nicht reichte, wir mussten mehr tun, jetzt ging es ans Eingemachte. Da zog ich sie in die Arme. Eine Umarmung, die alle mit einschloss, auf die wir in den letzten siebzehn Jahren hatten verzichten müssen. Die uns für unsere Entbehrungen entschädigen sollte. Lange verharrten wir so, in der Wärme des jeweils anderen. Bis sie sagte: »Setz dich, ich mach dir einen Tee.«

Es war ein zweistöckiges Haus, Erdgeschoss und Souterrain, vier Zimmer und der kleine Vorgarten mit weinumrankter Pergola. Wir nahmen auf Bodenkissen Platz. Meine Schwester goss Tee ein, während die Nichten um mich herumscharwenzelten. Dann setzte sie sich neben mich.

»Da!« Sie bot mir eine Zwiebel an.

»Was soll ich damit?«

»Essen.«

»Eine Zwiebel?«

»Das Trinkwasser ist hier nicht immer sauber. Es sind Bakterien drin. Iss sie, das schützt.«

»Gulpari«, sagte ich, den Kosenamen unserer Mutter benutzend. »Eine rohe Zwiebel, na ja …«

»Das ist wie eine Impfung.«

»Kann sein, aber ich bin todmüde und total aufgewühlt. Der Geschmack, den ich in Erinnerung behalten will, ist nicht der einer rohen Zwiebel, tut mir leid. Ich werde vorsichtig mit dem Wasser sein.«

»Ich habe noch Huhn in Tomatensoße.«

»Wieso nicht? Etwas Huhn ess ich gern, danke.«

Inzwischen hatten die Nichten Zutrauen gefasst. Sie sprangen auf mir herum, zeigten auf den Koffer und konnten es kaum erwarten zu erfahren, ob ich Geschenke dabeihatte. Ich ließ mich bitten: »Tja, wer weiß, wir werden sehen.« Ich aß das Huhn, das unglaublich saftig und lecker war, das weiß ich noch wie heute. Es herrschte eine angespannte Atmosphäre – wie immer, wenn man sich viel zu erzählen hat, aber nicht weiß, wo man anfangen soll. Schließlich legte ich mich hin und fiel in einen so erholsamen Schlaf wie schon lange nicht mehr. Zur Abendessenszeit wachte ich auf.

Als meine Nichten an diesem Abend ihre Geschenke auspackten, beschlossen sie, dass ich der beste Onkel der Welt sei. Ich glaube, ich brauche nicht extra zu erwähnen, dass ich sie auf Anhieb lieb gewann. Zu der Jüngsten, die kaum mehr als drei Jahre alt war, entwickelte ich sofort eine innige Beziehung, so als hätten wir uns schon immer gekannt: Sie wich mir nicht von der Seite, folgte mir auf Schritt und Tritt, wollte ständig auf meinen Arm und kuscheln. Ihr Vater arbeitete im Iran, und sie hatte ihn schon lange nicht mehr gesehen. Auch deswegen dürfte sie meine Nähe gesucht haben.

Am nächsten Tag sprach sich meine Ankunft herum, und von da an schauten eine Woche lang unaufhörlich Verwandte vorbei, von denen ich gar nicht wusste, dass ich sie hatte. Kinder von Familienfreunden, an die ich mich nicht erinnern konnte, begrüßten mich, wollten mich kennenlernen und erzählten mir Anekdoten über meine Mutter, ja sogar über meinen Vater oder die Großeltern. Das Problem ist, dass man alle, die kommen, hereinbitten muss, und zwar mit allem Drum und Dran samt Bewirtung. Oft kamen die Leute schon im Morgengrauen, bevor sie zur Arbeit gingen, und da ich wegen meiner Reise gen Osten an jenem Jetlag litt, bei dem man abends lange wach bleibt und morgens lange schläft, und meine Schwester sich bekanntlich im letzten Schwangerschaftsmonat befand, war das alles unglaublich anstrengend für uns. In meiner Benommenheit nickte und lächelte ich dümmlich, um ihnen zu geben, was ihnen zustand, schließlich waren sie so nett gewesen, vorbeizukommen. Doch wenn ich sie dann spätnachmittags oder abends wiedersah, konnte ich mich leider oft gar nicht mehr daran erinnern, ihnen je begegnet zu sein.

Von diesen Besucherströmen einmal abgesehen, vergingen die Tage fast unfassbar angenehm. Immer tiefer tauchte ich in den warmen Schoß der Familie ein. Die Zeit verging wie im Flug. Ich stand frühmorgens auf, um meinen größeren Nichten vor der Schule das Frühstück zuzubereiten. Ich kontrollierte, ob sie auch alles dabei und ihre Hausaufgaben gemacht hatten. Jede Sekunde war sinnerfüllt, jede Geste unendlich wertvoll – sei es, dass ich mit den Kleinen Verstecken spielte, im Haushalt half oder einfach nur dasaß und mit meiner Schwester redete, mich mit ihr austauschte, die Ereignisse in die richtige Reihenfolge brachte. Einen Monat wollte ich bleiben, so lange war mein Visum gültig. Mein Rückflugticket hatte ich bereits in der Tasche. Ich wusste, wie kurz das sein würde, aber auch nicht tragisch kurz! Auf jeden Fall hoffte ich, dass meine Schwester baldmöglichst ihr Kind kriegen würde, damit ich mich nützlich machen und etwas für sie tun konnte. Das Mädchen oder der Junge war jedoch bereits überfällig, und so langsam machte ich mir Sorgen.

Eines Nachmittags stieg meine Schwester die Treppe zum Souterrain hinunter. Aus irgendeinem Grund spürte ich, dass etwas nicht in Ordnung war. Ich ging ihr entgegen und wollte gerade so etwas sagen wie: »Ist alles in Ordnung? Soll ich dir bei irgendetwas helfen?«, als sie auch schon ohnmächtig wurde und in sich zusammensackte wie ein Luftballon, bei dem die Luft rausgelassen wird. Ich war noch so geistesgegenwärtig, sie aufzufangen, sodass sie nicht die Stufen hinunterfiel. Heute denke ich, dass meine Reise, unabhängig von dem, was dann noch alles passiert ist, allein schon deswegen einen Sinn gehabt hat: in diesem Moment da zu sein und verhindern zu können, dass sie sich verletzte.

Sie kam wieder zu sich und meinte, das sei nicht weiter schlimm, bloß niedriger Blutdruck. Doch am nächsten Tag wachte ich schon vor Sonnenaufgang von klappernden Töpfen und einem erstickten Stöhnen auf, als versuchte jemand, Schreie zu unterdrücken. Das Kind kam. Ich fragte, was ich tun könne. Die älteste Nichte, die ungefähr vierzehn war, sagte: »Nichts, ich mach das schon.« Rasch folgte sie den Anweisungen meiner Schwester. Ich war bestürzt. Riefen die etwa niemanden hinzu? Einen Arzt, eine Hebamme? Doch dafür war keine Zeit. Ich fragte meine Nichte, ob sie aufgeregt sei – einfach so, um mich nicht so allein zu fühlen, da ich fast ohnmächtig wurde. Aber sie meinte nur: »Nein, wieso? Ich freue mich, dass es zur Welt kommt, wer weiß, vielleicht ist es ja diesmal ein Junge.« Und schon ging es los, mit heißem Wasser, Handtüchern und allem Drum und Dran. Es dauerte nicht lang, bis ein Schrei ertönte, ein Wimmern. Und da war er, mein Neffe. Ein Junge.

Ich war völlig geschafft. Ich hatte zwar nicht das Geringste getan, aber egal, ich war geschafft. Auf der Matratze liegend, mit dem Kleinen im Arm – eine Szene, die zu Tränen rührte, die ich auch prompt vergoss –, rief Gulpari nach mir: Unseren Traditionen zufolge müsse der Mund des Neugeborenen mit etwas Süßem benetzt werden, von einer Person, die in seinem Leben noch eine wichtige Rolle spielen werde, von einer angesehenen Person, weil das Kind anschließend den Charakter dieser Person annehme.

»Ich will, dass du diese Person bist.«

»Ich?«

»Ja.«

»Und was muss ich da machen?«

»Du musst seine Lippen mit etwas Süßem, Symbolträchtigem benetzen.«

»Süß und symbolträchtig?« Ich verstand nur Bahnhof. »Na gut, ich denk mir was aus.«

Ich eilte zur Vorratskammer und fand *Nabat*, mit Safran und anderen Gewürzen angereicherte Zuckerkristalle. Die nahm ich. Sehr symbolträchtig kam mir das allerdings nicht vor, daher steckte ich einen Finger in saubere Erde, solche, mit der man in Ermangelung von Wasser vor dem Gebet die Hände reinigt. Ich eilte zu meiner Schwester und verstrich *Nabat* und Erde auf den Lippen meines ersten Neffen. Der erste Kontakt des Kindes mit der Außenwelt. Seinen Namen hatte bereits die jüngste Schwester ausgesucht: Sollte das Baby ein Junge werden, würde er auf den Namen getauft, der auf Dari »Strand« bedeutet. So geschah es auch. Meine Schwester war erleichtert und glücklich. Nach vier Töchtern bedeutete ein Junge, dass sie auf eine Pension hoffen konnte oder, anders ausgedrückt, darauf, dass sich in Zukunft jemand um sie kümmern würde.

An diesem Abend, den kleinen »Strand« neben sich, sah sie mich an und sagte: »Und jetzt bist du dran.«

Ich runzelte die Stirn. »Womit?«

»Damit, eine Familie zu gründen.«

»Ach so!«

»Du bist älter als ich, du hättest dich längst darum kümmern müssen.«

»Na ja, in Italien läuft das anders, weißt du …«

»Und zwar?«

»Da heiratet man nicht so früh wie hier. Das Durchschnittsalter ist höher. Manchmal studiert man vorher viele Jahre lang.«

»Ich kenne Familien, die Interesse haben könnten.«

Ich riss die Augen auf. »Woran?«

»Familien mit Töchtern. Ich könnte mal fragen.«

»Was redest du denn da?«

»Wirklich, das würde mir nichts ausmachen.«

»Quatsch! Konzentrieren wir uns lieber auf dieses kleine Wunder, das du gerade zur Welt gebracht hast, einverstanden? Schau ihn dir nur an!«

Ich dachte wirklich, das wäre nur ein Scherz gewesen. Aber sie scherzte mitnichten. Am nächsten Tag nutzte sie gleich den x-ten Besucherstrom, um mit Freundinnen, aber auch mit allen anderen über mich zu sprechen. Ich schritt nicht ein, weil ich nicht unhöflich sein wollte. Bis sie mich zehn Tage vor meiner Abreise mit einem Lächeln empfing – ich kam gerade vom Markt zurück – und sagte: »Heute musst du dich gut anziehen, Enaiat.«

»Ich bin immer gut angezogen.«

»Ja, aber heute ziehst du dich noch besser an als sonst.«

»Gut. Warum?«

»Wir gehen Fotos machen.«

»Was denn für Fotos?«

»Fotos, die ich bestimmten Familien zeigen muss.«

»Welchen Familien?«

»Denen mit heiratswilligen Töchtern.«

»Wie bitte?«

Meine Schwester sah mich nur verständnislos an. »Wir haben doch darüber gesprochen.«

»Ich dachte, du machst einen Scherz.«

»Warum sollte ich scherzen?«

Da begriff ich, dass die Situation zu entgleisen drohte. »He, Moment mal, ich bin doch nicht gekommen, um mich nach einer Frau umzuschauen. Was denkst denn du?«

In Bezug auf arrangierte Ehen hat sich bei meinem Volksstamm in den letzten zwanzig Jahren viel getan. Heute kommt es nur noch selten vor, dass eine junge Frau zur Heirat gezwungen wird. Geblieben ist das Ritual des Um-die-Hand-Anhaltens, ein recht strenges Ritual, aber es wird großer Wert auf die Einvernehmlichkeit beider Beteiligten gelegt. Ich spürte jedoch, dass etwas in der Luft lag, also bat ich meine Schwester, sich bitte zu setzen, und versuchte ihr zu erklären, dass ich mich daran gewöhnt hatte, die Sache auf westliche Weise anzugehen, ohne jede Eile, damit das Schicksal Zeit hatte, hinter meinem Rücken Fäden zu ziehen. Doch Gulpari ließ nicht locker. Wirklich kein bisschen. Und im Grunde kann ich sie auch verstehen: Es fällt schwer, die Welt mit anderen Augen zu betrachten, wenn man nie Gelegenheit dazu hatte. Außerdem ist es einfacher und beruhigender, es so zu machen, wie man es immer schon gemacht hat.

Irgendwann war ich gezwungen, ihr zu sagen, dass sie damit aufhören muss. Dass sie das nichts angeht.

Die Ärmste war schwer enttäuscht.

Und ein bisschen war ich es auch.

13

Bis zu meiner Abreise war nicht mehr viel Zeit, und je mehr ich darüber nachdachte, desto schwerer lastete mir etwas auf der Seele: Ich hätte so gern meine Heimat wiedergesehen! Ich weiß, dass man an Grenzen normalerweise ein- und dieselbe Landschaft sieht – sowohl von der einen als auch von der anderen Seite aus. Was kümmern die Natur unsere Landesgrenzen? Auf dem Khonjuk-Pass zu stehen, hätte beispielsweise bedeutet, zwischen dem Schotterhang auf der pakistanischen und dem Schotterhang auf der afghanischen Seite zu stehen. Selbst von dort aus hätte ich niemals bis in den Hazarajat schauen können, geschweige denn bis nach Nawa. Aber in all den Jahren hätte ich sonst was darum gegeben, jemanden sagen zu hören: »Schau nur, Enaiat, siehst du? Da unten liegt Afghanistan.«

Eines Tages wurde mir ein junger Mann vorgestellt, Khaliq. »Das ist dein Cousin«, hieß es. Er war erst seit Kurzem in der Stadt, und ohne dass er etwas hätte sagen müssen, begriff ich sofort, was er von Beruf war. Er war ein netter Kerl, mit dem man sich gut unterhalten konnte. Wir saßen auf den Treppenstufen und ließen uns die Sonne auf den Kopf brennen, als er mir, ohne dass ich konkret danach gefragt hätte, irgendwann erzählte, er bringe unter anderem Leute über die Grenze, nach hüben und drüben, hauptsächlich Kinder, kranke Kinder, die in Afghanistan nicht ausreichend behandelt werden konnten, außerdem Familien, die nach Pakistan geflohene Verwandte besuchen wollten. »Eine Mutter, ein Bruder, ein Sohn, die sich nach jahrelanger Trennung umarmen – das ist es mehr als wert«, sagte er. »Du weißt, wovon ich rede.«

Ich nickte und sah einen Zitronenverkäufer vorbeikommen. Der fing meinen Blick auf und lächelte. Ich erwiderte sein Lächeln.

Khaliq meinte, ich hätte gut daran getan, fortzugehen, und stellte mir viele Fragen zu Italien. Ich dagegen bewunderte seine Entscheidung, seinen Mut.

»Du bist geblieben, um unseren Leuten zu helfen.«

»Jeder tut, wovon er glaubt, dass er es kann. Vermisst du es?«

»Was?«

»Afghanistan.«

»Sehr«, sagte ich. Ich hob einen Metallstab auf und malte einen Strich in den Straßenstaub.

»Wenn du an Neuigkeiten interessiert bist: Ich hab gerade Leute aus Nawa hergebracht. Eine Mutter und ihre Tochter.« Er erzählte, dass sie gekommen waren, um die Großeltern wiederzusehen, die Ende der Neunziger vor den Taliban geflohen waren, in der schlimmsten Phase des Regimes. »Wer weiß, vielleicht kennst du sie ja?«

»Gern.«

»Komm, gehen wir sie besuchen.« Er erhob sich und klopfte sich die Hose ab.

Wir waren in der Nähe des Marktes. Das Haus dieser Familie war nicht weit von dem meiner Schwester entfernt, deshalb kehrten wir um und gingen durch schmale Gassen, die Khaliq bestens zu kennen schien. Bei unserer Ankunft war nur die Mutter da. Als ich ihr sagte, wer ich sei, riss sie die Augen auf und sagte mit sanfter, liebevoller Stimme, dass sie meine Mutter gut gekannt habe, ja, dass sie als Kinder befreundet gewesen seien. Sie habe von ihrem Tod gehört, eine furchtbare Sache. Daraufhin führte sie die Hände zum Gesicht wie zu einem Gebet. Sie war eine fröhliche Person. Ich weiß noch, dass wir viel lachten, obwohl es angesichts der Situation im Hazarajat nicht viel zu lachen gab. Sie redete wie ein Wasserfall, und obwohl sich das albern anhört, glaubte ich, ihre Stimme zu kennen, so als entstiege sie der Asche meiner Kindheit, dem Duft eines verregneten Aprilnachmittags, an dem wir im Haus Erbsen gelesen hatten. Wir tranken Tee. Es wurde Abend. »Jetzt muss ich aber gehen«, meinte ich.

Ich verabschiedete mich. Als ich das Haus verließ, sah ich, dass Hazara Town in goldgelbes Licht getaucht war. Die Sonne gab ihr Bestes, und die Fenster reflektierten ihren Untergang, warfen ihn an die Wände. Khaliq war schon gegangen, deshalb blieb ich kurz stehen, um zu überlegen, woher wir gekommen waren. Mein Haus musste direkt um die Ecke liegen. Und während ich noch zu ergründen suchte, welchen Weg wir genommen hatten, erregten Frauenstimmen meine Aufmerksamkeit. Unwillkürlich drehte ich mich um. Rechts von mir standen drei Frauen vor einem Tor. Obwohl sie zu dritt waren, hatte ich mich nach dem leuchtenden Schweif einer bestimmten Stimme umgeschaut, und als ich sah, wem sie gehörte, ja, sobald mein Blick auf sie gefallen war, dachte ich automatisch, dass ihr Gesicht perfekt dazu passte.

Sie trug ein traditionelles Gewand in verschiedenen Blautönen. Ich musste wieder daran denken, wie ich mich als Kind am Fenster versteckt hatte, um die Mädchen bei ihren Vorbereitungen auf Festtänze zu beobachten. Hinter gesenkten Wimpern schaute ich ihnen zu, bis ich mir einbildete, die dazugehörige Musik zu hören. Ich schüttelte die Erinnerung ab. Als ich ins Hier und Jetzt zurückkehrte, merkte ich, dass die jungen Frauen verstummt waren. Sie beobachteten mich, obwohl sie es zu verbergen versuchten – ganz, wie es sich gehört. Die Größte sagte irgendetwas, und ich bin mir sicher, dass sie von mir sprach. Mit kerzengeradem Rücken ging ich an ihnen vorbei und grüßte, ebenfalls bemüht, die Frau in der Mitte nicht allzu lange anzusehen, die mit der sanften Stimme und dem passenden Gesicht. Ich grüßte mit einem höflichen Nicken und ging weiter. Doch im Vorbeigehen prägte ich mir heimlich ihre Züge ein, verschlang sie mit den Augen und ihre Stimme mit den Ohren. Keine Ahnung, wie ich nach Hause fand. Eine gute Stunde lief ich in diesem goldgelben, strahlenden Licht umher. Und hörte nicht mehr auf, an sie zu denken.

Schicksal, natürlich!, könnte man meinen. Am nächsten Tag geschah Folgendes: Meine Schwester rief am Vormittag nach ihrer Jüngsten, die ich *Haddsch* nenne – ein lustiger Spitzname für ein Mädchen, weil es sich normalerweise nur Reiche leisten können, ihre religiösen Pflichten zu erfüllen und nach

Mekka zu pilgern. Wie dem auch sei, meine Schwester rief und rief, doch von *Haddsch* fehlte jede Spur: Sie war verschwunden. Wo steckte sie bloß? Alle waren alarmiert und suchten nach ihr, in der Hoffnung, dass ihr nichts zugestoßen war, doch sie blieb unauffindbar. Ich lief durchs Viertel. Es kam häufiger vor, dass sich Kinder, sogar ganz kleine, beim Spielen auf der Straße von zu Hause entfernten. Aber in Hazara Town, wie auch im Hazarajat, ist es so, dass sich alle für die Kinder zuständig fühlen. Die Augen sämtlicher Erwachsenen sind Augen von Eltern, selbst wenn sie selbst keine Kinder haben. Deshalb trugen mich meine Füße zum Haus der Frau, bei der ich am Vortag gewesen war, und kaum war ich da, entdeckte ich *Haddsch* auch schon mit anderen Kindern in ihrem Vorgarten. Auf einem Metallstuhl saß die Frau. Und neben ihr die junge Frau mit der sanften Stimme und dem passenden Gesicht, die ich seit dem Vorabend nicht mehr aus dem Kopf bekommen hatte.

»*Haddsch*«, rief ich beim Betreten des Gartens, »wir haben dich überall gesucht.«

Als die ältere und die junge Frau hörten, wie ich ein kleines Kind so nannte, brachen sie in Gelächter aus. Ich begrüßte die Ältere, die mir anschließend die Jüngere vorstellte, ihre Tochter, wie ich erfahren sollte: Fazila. Wir tauschten einen flüchtigen Blick und begrüßten uns schüchtern, wie es sich gehört. In diesem Moment kam das Wasser: ein Traktor, der eine Zisterne auf Rädern zog. Die Frauen standen auf, und ich beeilte mich, ihnen zu helfen, so viel Wasser wie möglich ins Haus zu tragen. Währenddessen nutzte ich jede Gelegenheit, Fazila zu betrachten. Und je länger ich sie betrachtete, desto mehr staunte ich über die Intensität meiner Gefühle: Sollte ich mich tatsächlich verlieben?

Ich hütete mich davor, meiner Schwester davon zu erzählen. Das wäre überstürzt gewesen. Sie durfte die Sache auf keinen Fall verderben, indem sie gleich mit der Familie sprach. Nicht zuletzt weil ich inzwischen, ehrlich gesagt, daran gewöhnt war, so etwas auf meine, sprich die italienische Weise, zu tun, also mich erst einmal zu unterhalten, dann mit der Frau auszugehen, bis schließlich eines zum anderen führt und man sich richtig kennenlernt. Das Problem war nur, dass ich drei Tage später abreisen musste. Ich hörte mich um und erfuhr, dass Fazila drei Monate in Hazara Town bleiben würde. Und wenn das so war, konnte ich jetzt unmöglich abreisen. Denn dann würde ich sie mit Sicherheit nie wiedersehen. Die ganze Nacht lag ich wach und starrte an die Decke. Am nächsten Morgen erklärte ich meiner Schwester, dass ich länger bleiben würde. Natürlich behauptete ich, es ihr und den Kindern zuliebe zu tun, um noch etwas länger beim neugeborenen Neffen bleiben und ihr helfen zu können und so – was natürlich auch stimmte. Doch mir war klar, dass ich bleiben musste, weil das Kribbeln im Bauch, wenn ich Fazila begegnete, einfach nicht normal war. Um zu verstehen, was mit mir los war, brauchte ich mehr Zeit.

Ich eilte zu einem Reisebüro und fragte, ob ich das Visum verlängern könne. Dort hieß es, es sei zwar nicht möglich, ein Visum für drei Monate zu bekommen, aber wenn ich entsprechend zahle, würde man es schon irgendwie so deichseln, dass mein Visum dreimal um einen Monat verlängert werden würde. Also rief ich in Turin bei der Fakultät an und fragte Lia, die Sekretärin, ob ich noch mehr Urlaubstage hätte. Die Auskunft lautete, ja, ich hätte Anrecht auf neunzig Tage. Ich konnte es kaum glauben. »Perfekt, danke, ihr seid unglaublich nett«, sagte ich. Und nahm sie alle auf einmal.

Ich sprach mich mit *Haddsch* ab, meiner Geheimwaffe. Jeden Nachmittag schickte ich sie zum Spielen in den Vorgarten des Hauses, in dem Fazila und ihre Mutter beherbergt wurden, damit ich gezwungen war, sie dort abzuholen. Wie bereits erwähnt, waren die beiden nach Hazara Town gekommen, um die vor Jahren aus Afghanistan geflohenen Großeltern zu besuchen, bei denen sie auch wohnten. Ich schickte *Haddsch* dorthin, damit sie mit den anderen Kindern spielte, und *ça va sans dire* (das Einzige, was ich auf Französisch sagen kann), damit ich die Gelegenheit nutzen konnte, ein paar Worte mit Fazila zu wechseln. Das Thema stand von vornherein fest, und mein Interesse war aufrichtig: Ich fragte sie über Nawa und den Hazarajat aus. Alles wollte ich darüber wissen, wollte, dass sie unser Land und unser Volk vor meinen Augen heraufbeschwört, dort in diesem Vorgarten. Sie wiederum war verständlicherweise neugierig auf mein Leben in Italien, ein Thema, auf das ich gern ausführlich einging. Als dann am Nachmittag der Eiswagen vorbeikam, pfiff ich, um ihn anzuhalten, und lud alle ein, um einen guten Eindruck zu hinterlassen.

Nie hätte ich gedacht, dass es einmal so kommen würde – aber genau so kam es. Eine junge Frau aus meinem Dorf, die ich rein zufällig Tausende Kilometer von meinem derzeitigen Wohnort entfernt kennenlernte, ja sogar ewig weit entfernt von dem Ort, an dem sie damals selbst lebte. Als hätten wir uns verabredet. Der Weg entsteht, während man ihn beschreitet, wohl wahr. Ein weiterer Monat verging wie im Flug, dann noch eine Woche und noch eine. Fazila und ich verbrachten den Großteil der Zeit damit, uns zu unterhalten, bis mir eines Abends, als *Haddsch* vor mir hertrippelte, bewusst wurde, dass ich mich beeilen musste. Wenn ich abreiste, ohne das Thema anzusprechen, riskierte ich, Fazila zu verlieren. Doch was sollte ich tun? Ich war schließlich weder in Italien noch in Europa, und selbst wenn ihre Familie laut dem westlichen Kalender im 21. Jahrhundert lebte, lebte sie gleichzeitig (auch) im 14. (nach dem persischen Kalender). Es handelte sich um eine traditionelle Hazara-Familie. Meine einzige Möglichkeit bestand darin, ihr einen Heiratsantrag zu machen. Tja. Aber wollte ich das? Wollte ich heiraten? War ich mir sicher, den Rest meines Lebens mit dieser jungen Frau verbringen zu wollen? Ich stand vor dem türkisfarbenen Tor meiner Schwester, während *Haddsch* mal hierhin, mal dorthin hüpfte, als ich die Antwort klar vor mir sah: Ja.

Ich würde sie fragen, ob sie mich heiraten will.

Als ich das meiner Schwester erzählte, konnte sie es kaum fassen. Nach all den Diskussionen darüber, dass ich eine Familie gründen sollte, darüber, wie man das hier tat und wie in Italien, glaubte sie an einen Scherz, ja, fühlte sich regelrecht auf den Arm genommen. Ich musste mehrmals wiederholen, dass es mein voller Ernst sei, dass ich mich verliebt hätte, dass ich um die Hand der jungen Frau anhalten wolle. Sie müsse mir helfen, damit ich auch alles richtig machte, und zwar schnell. Ich könne schließlich nicht von italienischen

Verhältnissen ausgehen. Die Regeln waren die von Fazilas Eltern, Regeln, die ich nicht kannte, meine Schwester aber schon.

Die bekam ganz glänzende Augen und strahlte.

»Ich werde zu ihrer Mutter gehen«, sagte sie, »und sagen, was man sagen muss.«

»Und das wäre?«

»*Khaghistar giaru kido amadem.* Ich sammle den Staub auf, den ich verbreitet habe.«

»Bist du sicher, dass man das so sagt?«

Gulpari sah mich schräg von der Seite an und stand auf: »Ich geh mich umziehen.«

»Umziehen?«

»Um Fazilas Mutter aufzusuchen.«

Ich riss die Augen auf. »Jetzt gleich?«

»Wieso denn nicht?«

Ich seufzte: »Ja, wieso denn nicht.«

»Soll ich?«

Ich hatte ganz feuchte Hände. Ängstlich grinste ich und nickte: »Ja!«

Nachdem ich mich so bemüht hatte, ihr zu gefallen, kann man sich denken, dass Fazilas Mutter glücklich über den Antrag war und vermutlich nicht einmal besonders überrascht. Sie sagte jedoch auch, dass nicht sie es sei, die diese Entscheidung zu treffen habe. Das Wichtigste sei, was Fazila wolle. Und sollte sie einverstanden sein, gebe es da noch den Vater, der nicht mit nach Pakistan gekommen sei, sondern weiterhin in Afghanistan arbeite. Den müsse man auch informieren und um Erlaubnis fragen.

Soweit ich weiß, hat Fazila Ja gesagt, als ihre Mutter ihr von meinem Antrag erzählte. Und zwar auf Anhieb. Die beiden haben sich freudig umarmt, ganz aus dem Häuschen über diese unerwartete Wendung. »Wenn die Zweige der Bäume von sich aus ihr Festgewand anlegen«, sagte die Mutter ein paar Tage später zu meiner Schwester, »erübrigt es sich, den Gärtner zu rufen.«

Der Vater wurde informiert, wir telefonierten lange. Ein unglaublich redseliger Mann. Er bombardierte mich mit Fragen, aber auch mit Geschichten. »Ich kenne deine Familie und weiß, aus welchem Schlamm sie gemacht ist«, meinte er. Schlamm? Hm. In meiner Heimat sagten die Leute wirklich komische Sachen, wie ich fand. »Ich habe deinen Großvater mütterlicherseits gut gekannt«, fuhr er fort. »Ein ehrenwerter Mann mit großem Herzen. Also gut, wenn Fazila einverstanden ist, bin ich auch einverstanden.«

Einige Tage später kamen Fazila und ihre Mutter zu uns nach Hause. Bei dieser Gelegenheit teilte sie mir mit, dass sie, wenn wir erst einmal verheiratet wären, gern weiterhin bei ihrer Familie wohnen würde, bis sie nach Italien nachkommen könne. Ob ich damit einverstanden sei?

»Natürlich«, meinte ich. »Wo solltest du denn sonst wohnen?«

»Was ich damit sagen will, ist Folgendes: Ich will nicht so leben wie gewisse Frauen, die allein zu Hause rumsitzen und darauf warten, dass ihr Ehemann aus irgendeinem Land, in dem er sein Brot verdient, wieder zurückkehrt. Einer, der nur kurz bleibt, gerade mal so lang, um sich den Namen des Kindes zu merken, das in der Zwischenzeit geboren wurde. Unsere Kinder sollen einen Vater haben. Und ich möchte einen Mann an meiner Seite wissen, und zwar Tag für Tag. Nach unserer Heirat werde ich mit meiner Mutter nach Afghanistan zurückkehren. Und wir beide werden zusammen sein, sobald wir *wirklich* zusammenleben können. Einverstanden?«

Ich sagte Ja. Ich war voll und ganz einverstanden.

Fazila und ich sind einander begegnet wie Flüsse, die dazu bestimmt sind, denselben Strom zu speisen. Mit derselben Selbstverständlichkeit haben wir geheiratet.

Die Tradition sieht vor, dass die Brauteltern dem zukünftigen Schwiegersohn den Anzug zahlen, während die Eltern des Bräutigams alles andere übernehmen: den *Chila* (den Ehering), die identischen Stirnbänder, die das Paar während des Rituals trägt, ihr Kleid, das Mittagessen und das Fest. Während der *Nikka*, der Trauungszeremonie, müssen die Kleider grün sein – die Farbe des Islam, des Frühlings und des Neubeginns. Der Mullah, der die Zeremonie durchführt, befragt die Trauzeugen, um sicherzustellen, dass alles einvernehmlich und bewusst vonstattengeht, dann trägt er bestimmte Koranverse vor. Das festlich gekleidete Brautpaar hält den Blick während der Zeremonie gesenkt und unterschreibt anschließend die Heiratsurkunde.

Nun, all das haben wir weggelassen: zu kompliziert, zu aufwendig. Dafür war keine Zeit. Wir warteten einfach bloß, bis Fazilas Vater da war, und feierten ein ausgelassenes Fest mit viel Musik. Ein Imam stellte die religiöse Trauungsurkunde aus. Der nächste Schritt würde darin bestehen, sie standesamtlich anerkennen zu lassen.

Eins nach dem anderen.

Zehn Tage später bin ich nach Italien zurückgekehrt und Fazila nach Afghanistan.

Jetzt musste ich nur noch Mittel und Wege finden, sie zu mir zu holen.

Dass das nicht einfach werden würde, wusste ich.

14

Nachdem ich nach vier Monaten Abwesenheit wieder zurück in Turin war, der Geburt meines Neffen beigewohnt und mit meiner Schwester zusammengelebt hatte, tagtäglich von *Haddsch* geweckt worden war, die mir morgens auf den Bauch sprang, ja, nachdem ich geheiratet hatte – man stelle sich vor, *geheiratet*, denn wenn es etwas gab, an das ich bei meiner Abreise niemals gedacht hätte, dann zu heiraten –, nachdem ich also eine Kultur wiedergefunden hatte, die, so italienisch ich mich mittlerweile auch fühle, in mein Gedächtnis eintätowiert ist, nun, nach all dem kam es mir vor, als wäre ich aus einem Traum erwacht.

Kaum hatte ich nach dem stundenlangen Flug mein Gepäck in meinem Zimmer abgestellt, fühlte ich mich so einsam wie noch nie in meinem Leben. Ich begrüßte Laura und Stefania, meine Mitbewohnerinnen, zwei Forscherinnen an der biotechnologischen Fakultät, die Cristian und Charles ersetzt hatten, ging wieder in mein Zimmer, warf mich aufs Bett und schlief ein. Ich schlief tagelang und träumte, noch bei meiner Schwester zu sein.

Aus meiner Wehmut rissen mich schließlich das herrliche Licht, wegen dessen ich die Wohnung überhaupt erst genommen hatte, und das Klappern von Töpfen in der Küche. Ich hatte ein neues Leben, für das ich kämpfen musste. Ich hatte

Fazila, für die ich kämpfen musste. Ich warf die Decke zurück, ging unter die Dusche, und als ich aus meinem Zimmer in den Dschungel-Flur trat, hatte ich nur noch ein Ziel: Meine Frau nach Italien zu holen.

Rein theoretisch ist es für Flüchtlinge nicht übertrieben kompliziert, die Familie zusammenzuführen. Aber praktisch bedeutet es einen enormen bürokratischen Aufwand. Als Erstes musste ich mich an die italienische Botschaft in Kabul wenden. Auf ihrer Webseite fand ich folgende Nachricht:

Infolge des terroristischen Attentats vom 31. Mai 2017 im Diplomatenviertel von Kabul und wegen der sich zunehmend verschlechternden Sicherheitslage in der Hauptstadt wurde die Visastelle der italienischen Botschaft in Afghanistan vorübergehend geschlossen. In der Zwischenzeit können afghanische Staatsangehörige ihre Visumsanträge in einem anderen Land einreichen.

Genau das meinte ich mit »rein theoretisch«. Fazila, ihre Eltern und ich besprachen uns: Am besten, wir wandten uns an die italienische Botschaft in Teheran. Im Iran hatten wir Verwandte und Freunde, die uns helfen konnten, außerdem waren Sprache und Religion dieselben, was den Vorgang vielleicht erleichtern würde.

In Italien wird gern über die Bürokratie gejammert. Überall wird gern über die Bürokratie gejammert, außer vielleicht in Finnland oder Luxemburg. Aber wer über die Bürokratie jammert, war noch nie in Afghanistan. Die Regierungsstellen meines Landes sind der Marianengraben der Bürokratie:

Stempel, Unterlagen, Stempel, Unterlagen, Stempel, Unterlagen. »Wenden Sie sich an diese Abteilung.« – »Wenden Sie sich an jene Abteilung.« – »Nein, heute ist niemand da, kommen Sie morgen wieder.«

»Aber es hieß doch, er wäre heute da. Das ist nun schon das dritte Mal, dass ich das erleben muss. Ich bin extra angereist und war einen ganzen Tag unterwegs.«

»Ich weiß auch nicht, was ich Ihnen sagen soll, Sie müssen morgen wiederkommen.«

»Na gut. *Tashakor.*«

(Am Tag darauf.)

»Ist er heute da?«

»Nein, heute auch nicht, vielleicht nächste Woche.«

»Vielleicht?«

»Ja, nächste Woche ist besser. Sie können es auch gegen Ende des Monats versuchen.«

»Versuchen?«

»Haben Sie das Geld dabei?«

»Welches Geld?«

»Wenn Sie kein Geld dabeihaben, kann ich Ihnen das Dokument nicht ausstellen.«

»Ich wusste nicht, dass man dafür zahlen muss.«

»Kommen Sie mit dem Geld wieder, dann kriegen wir das schon hin.«

(Mit dem Geld wieder da.)

»Und, passt jetzt alles?«

»Wer hat Ihnen dieses Dokument ausgefüllt? Das geht so nicht, das müssen wir neu machen.«

»Wie, neu machen?«

Die reinste Tortur. Und wie immer konnte ich von Italien aus nur wenig ausrichten, außer Erinnerungsschreiben schicken. Solche wie dieses hier:

Gestern war meine Frau auf Ihrem Amt, um alle Papiere unserer Eheschließung anerkennen zu lassen. Leider sagte man ihr, es fehle ein Stempel vom afghanischen Außenministerium. Nachdem der entsprechende Minister das Dokument jedoch überprüft hatte, bestätigte er seine Gültigkeit und verneinte, dass ein solcher Stempel fehle, den Sie für nötig halten. Ich bitte daher darum, dieses Schreiben an den Beamten weiterzuleiten, der sich um die Genehmigung und das Ausstellen des Visums kümmert, und dass die vom Außenministerium ausgegebenen Unterlagen noch einmal überprüft und für gültig befunden werden, da der Minister sie schließlich für gültig befunden hat, ohne dass weitere Stempel nötig wären. Ich erlaube mir, Sie deshalb an diese Angelegenheit zu erinnern, weil ich tagtäglich um das Leben meiner Frau fürchte. Angesichts der unsicheren politischen Lage und der ständigen Angst vor Verfolgung bitte ich Sie außerdem darum, dass sie sich von Herrn Soundso vertreten lassen darf, sollte sie wegen des genannten Antrags bei Ihnen vorstellig werden müssen. Ich bin jedem, der diesen Brief liest und sich anschließend für mein Anliegen einsetzt, damit meiner Frau der Nachzug erlaubt wird, unendlich dankbar.

Irgendwann war Fazila *khasta kofta* … müde wie ein Fleischkloß. Doch sie ließ nicht locker: Mit Unterstützung ihres Bruders, der sie auf Schritt und Tritt begleitete, hatte sie nach einem Jahr die nötigen Papiere für den Antrag auf ein Visum zur Familienzusammenführung bei der Botschaft in Teheran beisammen, einen Antrag, der jedoch persönlich gestellt werden musste. Es blieb ihr also nichts anderes übrig, als in den Iran zu reisen.

Ich erinnere mich noch gut an den Tag, an dem sie mich anrief, um mir zu sagen, dass sie die Papiere habe, und zwar alle! Sie war in Kabul und hatte sich den ganzen Tag mit einem Beamten des Ministeriums herumgestritten. Ihre Stimme bebte: »Jetzt kehre ich nach Nawa zurück und bereite alles vor, um baldmöglichst aufzubrechen.« Das war am 12. November 2018. Am Tag darauf wartete ein Auto auf sie, um sie in den Hazarajat zurückzubringen. Aber als sie in dieser Nacht selig schlief, in der festen Überzeugung, das Schlimmste sei geschafft, ließ das nervöse Klingeln des Handys sie und ihren Bruder hochschrecken.

Die Mutter war dran. Sie rief an, um ihnen zu sagen, dass die Taliban unweit von Nawa einen brutalen Angriff verübt hätten. Sie könnten nicht reisen und dürften auf keinen Fall zurückkommen, sondern sollten in Kabul bleiben. Sie würde sie über die Situation auf dem Laufenden halten. Fazila rief an, um mir das mitzuteilen. In Italien war es kurz nach Mitternacht. Sie war in Tränen aufgelöst und hatte furchtbare Angst um ihre Eltern. Schon seit Wochen war die Region in Alarmbereitschaft, weniger wegen der Taliban, als wegen des *Daesh*, der in dieser Gegend im Verborgenen wucherte wie ein hartnäckiger Tumor. Als sie am nächsten Morgen versuchten, ihre Eltern zurückzurufen, kamen sie nicht durch. Waren die Sendemasten in die Luft gesprengt worden? Tagelang hörten Fazila und ihr Bruder nichts mehr von der Familie. Sie blieben in Kabul, und wir telefonierten häufig. Manchmal machte sie einen wütenden, dann wieder einen resignierten

Eindruck auf mich. Warum musste immer alles so verdammt kompliziert sein?

Gibt es etwas Schlimmeres, als sich ohnmächtig zu fühlen? Ja, mit Sicherheit. Doch wie damals, als das mit meiner Mutter passierte, war ich fix und fertig, weil ich so gar nichts tun konnte. Ich surfte wie ein Besessener im Internet, immer auf der Suche nach Nachrichten. Ein Artikel aus der *New York Times* des Auslandskorrespondenten Rod Nordland am Tag nach dem Angriff, der Fazila und ihren Bruder in Kabul festhielt, beschrieb die Ereignisse ziemlich genau. Die Schlagzeile lautete: *Taliban schlachten afghanische Elitetruppen ab, und ein »sicherer« Distrikt geht verloren.* Trotz meiner unzureichenden Englischkenntnisse versuchte ich, dem Artikel so viele Informationen wie möglich zu entnehmen.

Ich wusste bereits, dass mit »Elitetruppen« die von den Vereinigten Staaten ausgebildeten Soldaten gemeint waren: Spezialeinheiten, die gegen die Terroristen kämpften und das Versagen von Armee und Polizei, die beide von Überläufern und einer ineffizienten Kommandostruktur angeschlagen waren, ein wenig ausgleichen wollten. Nach Abzug der amerikanischen Truppen war es den Taliban in einigen Provinzen, vor allem im Süden und Osten, gelungen, die Einheiten der afghanischen Armee zurückzudrängen. Großes Aufsehen erregte es beispielsweise, als sie Kunduz in ihre Gewalt brachten, eine der größten Städte des Landes: In die Bombardierungen war auch ein Krankenhaus von *Ärzte ohne Grenzen* verwickelt worden. Einundzwanzig Menschen hatten dabei ihr Leben verloren, Patienten, Pfleger und Ärzte, viele weitere waren schwer verletzt. Doch innerhalb von wenigen Tagen gelang es den Elitetruppen, die Stadt zurückzuerobern. Ohne sie, so hieß es, sei Afghanistan verloren.

Am 12. November, als Fazila gerade ihre Odyssee durch das Labyrinth der afghanischen Bürokratie beendete, waren mehrere Pick-ups auf das Regierungsgelände von Sang-e-Masha, der Hauptstadt des Distrikts Jaghori in der Provinz Ghazni gefahren, zur Gebäuderückseite, um die Toten weit weg von den Augen der Öffentlichkeit auszuladen. Die in Tränen aufgelösten Soldaten legten die Leichen ihrer Kameraden nebeneinander auf Laken, die sie auf dem Boden ausgebreitet hatten. Vier Tage zuvor waren diese Männer mit dem Flugzeug zur Verstärkung nach Jaghori geholt worden, in den ländlichen Distrikt, der bis dahin als der sicherste ganz Afghanistans galt. Dennoch war ihre aus etwa fünfzig Soldaten bestehende Einheit von den Taliban hinweggefegt worden. Der Distrikt stand kurz davor, in die Hände der Fundamentalisten zu fallen.

In dem Artikel für die *New York Times* schrieb Nordland, er und die anderen Journalisten seien eigentlich nach Sang-e-Masha gekommen, um zu bezeugen, wie effizient und selbstbewusst die afghanische Regierung gegen die Rebellen vorgeht. Stattdessen trafen sie auf verzweifelte Soldaten, die auf Befehle warteten, und Regierungsfunktionäre, die nicht wussten, wie sie aus einer Gegend fliehen sollten, die fast zur Gänze von Fundamentalisten umzingelt war.

Der Distrikt Jaghori wird überwiegend von Bauern und kleinen Viehzüchtern bewohnt. Es handelt sich um eine Region ohne asphaltierte Straßen oder elektrischen Strom, mit

Terrassenfeldern, auf denen Getreide angebaut wird. Apfel- und Mandelbäume, so weit das Auge reicht. Viele Leute dort sagten, sie wüssten gar nicht mehr, wann hier der letzte Mord oder schwere Überfall stattgefunden habe, und so stand es auch in dem Artikel. Der Bildungsstand dieser Region ist mit der höchste des Landes: Sowohl Mädchen als auch Jungen gehen eifrig zur Schule, wohingegen landesweit nicht einmal ein Viertel aller Mädchen einen Schulabschluss macht. Nicht umsonst stammen einige der herausragendsten afghanischen Frauen aus Jaghori, wo man in den Orten durchaus Mädchen auf dem Fahrrad oder sogar am Steuer eines Autos begegnen kann.

Der Artikel beschrieb anschließend, wie sehr das Gebiet inzwischen von den Taliban gebeutelt wurde, die sämtliche Zugangsstraßen kontrollierten und es so vom Rest des Landes abschnitten. Seit Kurzem gab es einen kleinen Flugplatz, aber noch keine Linienflüge, und wer den Distrikt verlassen wollte, musste sich in der Regel Schleppern und Fahrern anvertrauen, die mit uralten Klapperkisten Nebenstraßen nahmen. Angesichts der gestiegenen Gefahr hatten sich die Kosten pro Person, die normalerweise bei um die fünfzig Dollar lagen, auf dreihundertfünfzig Dollar erhöht.

Die 15-köpfige Präsidentendelegation versuchte, wieder eine Telefonverbindung nach Kabul herzustellen, schreibt Nordland. *Die Aufständischen hatten die Sendemasten zweier Gesellschaften in die Luft gesprengt, aber ein dritter Mast funktionierte mit Unterbrechungen.*

Genau das, was mir auch Fazila erzählt hatte.

Die Sache zog sich tagelang hin. Wegen der unveränderten Gefahrenlage beschlossen ihr Bruder und sie, direkt nach

Kandahar zu fahren, ohne vorher zu Hause vorbeizuschauen, um sich das Visum für den Iran ausstellen zu lassen. In diesem Moment traf ich eine Entscheidung: Auch ich musste in den Iran reisen. Zum einen, weil ich es kaum erwarten konnte, Fazila wiederzusehen. Zum anderen, weil ich vor Ort sein wollte, sollten neue Probleme auftauchen. Ich würde mich weigern, ohne sie aufzubrechen.

15

Fünfzehn Jahre nachdem ich auf der Baustelle am südlichen Stadtrand von Isfahan gearbeitet und auf der Mattscheibe eines alten Fernsehers mitverfolgt hatte, wie die Flugzeuge in die Twin Towers des World Trade Centers flogen. Sechzehn Jahre nach der Angst, in Telisia oder Sang Safid zu landen, in zwei berüchtigten Abschiebegefängnissen, die in Wahrheit Konzentrationslager waren. Fünfzehn Jahre nachdem ich mich von meinem besten Freund Sufi verabschiedet hatte – er wollte nach Teheran, um sich eine neue Arbeit zu suchen, und ich in die Türkei, dann nach Griechenland und schließlich nach Italien, auf der Suche nach einer besseren Zukunft, die erstaunlicherweise tatsächlich auf mich wartete. (Es stimmt nicht immer, aber manchmal eben doch: »Wer suchet, der findet.«)

Nun, nach all dieser Zeit war ich wieder hier, erneut im Iran.

Diesmal war es zum Glück kein bisschen kompliziert, das Visum zu bekommen. Am Flughafen Teheran-Imam Khomeini wurde ich von Fazila und ihrem Bruder abgeholt, die am Vortag angekommen waren. Als ich meine Frau sah, musste ich mich schwer zusammenreißen, nicht meinen Rucksack abzuwerfen, auf sie zuzurennen, sie zu küssen und zu umarmen. Das war völlig ausgeschlossen. Im Iran genügt schon eine liebevolle Umarmung, um jemanden zu beleidigen, der öffentliche Liebesbekundungen für einen Verstoß gegen den Willen Gottes hielt. Besser nicht. Ich warf den Rucksack nicht ab, sondern ging ihr nur entgegen, ganz langsam, um nicht zu explodieren. Ich beherrschte mich und versuchte, meine ganze Liebe in meinen Blick und mein Lächeln zu legen. In einem Abstand von zehn Zentimetern blieben wir stehen, was genügte, um die Wärme des anderen zu spüren: Kein noch so totalitäres Regime, sei es laizistisch oder religiös, wird es je schaffen, so ein inneres Leuchten in ein Verbrechen zu verwandeln.

Wir traten ins Freie. Es gab so viel zu erzählen! Fazilas Bruder war sehr nett, er ließ uns reden, als wäre es das Selbstverständlichste von der Welt. Wir liefen gerade plaudernd die belebte Straße entlang, die uns zum Haus einer ihrer Cousinen bringen würde, als – und das weiß ich noch wie heute – die Muezzin die Straßen mit ihrem *Azan*, ihrem Gebetsruf, erfüllten und gemäß der Tradition rezitierten:

Allahu Akbar, Gott ist groß.

Ašhadu an la ilah illa Allah, ich bezeuge, dass es keine Gottheit gibt außer Allah.

Ašhadu anna Muhammad Rasul Allah, ich bezeuge, dass Mohammed Allahs Gesandter ist.

Hayya 'ala al-salat, eilt zum Gebet.

Hayya 'ala al-salat, eilt zur Seligkeit.

Allahu Akbar, Gott ist am größten.

La ilah illa Allah, es gibt keine Gottheit außer Allah.

Womit ich nicht gerechnet hatte, war, dass die Stimme nach dem Gebetsruf dazu überging, Amerika und Israel zu beleidigen, einfach so, wie aus dem Nichts. Doch genau das geschah. Als die Leute hörten, wie diese Stimme die Amerikaner und so verwünschte, verlangsamten sie ihre Schritte: die alten Frauen genauso wie die jungen Leute – ja, sogar die Katzen duckten sich auf den Ästen, bevor sie aus den Bäumen sprangen. Es war, als wäre die Luft durch zähflüssige Melasse ersetzt worden, durch einen klebrigen Brei. Bis wieder Stille einkehrte und man aufatmen konnte, wieder richtig Luft bekam. Im Nu nahm das Leben sein übliches Tempo auf, die Autos, der Lärm.

»Habt ihr das gehört?«, fragte ich.

Fazilas Bruder warf mir einen vielsagenden Blick zu, der mir zu verstehen gab, dass man das besser nicht kommentierte, und schon gar nicht laut.

Der Mann der Cousine arbeitete als Pförtner. Seine Frau und er empfingen uns, als wären wir sonst wer. Vielleicht waren sie auch beeindruckt, dass ich aus Italien kam, keine Ahnung. Es waren nette Menschen, nur dass sie wie viele meiner Landsleute die Eigenschaft hatten, einen mit ihrer Gastfreundschaft zu ersticken. Während sie uns mit Tee und Keksen abfüllten, meinten sie, dass wir unbedingt zum Abendessen bleiben und auch bei ihnen übernachten müssten. Sie waren wirklich nett, dagegen ist auch gar nichts einzuwenden, und ich möchte auf keinen Fall undankbar wirken. Aber ihre Wohnung war klein, und Fazila und ich, na ja, wir hatten uns seit einem Jahr nicht gesehen und wünschten uns ein wenig Zweisamkeit.

Ich versuchte, das abzuwenden. »Nein, danke, das ist wirklich nicht nötig.«

»Ich bestehe darauf«, meinte der Mann.

»Das muss wirklich nicht sein«, erwiderte ich.

»Ich bestehe darauf«, wiederholte er.

»Nein, nein. Aber wie wär's, wenn wir euch bald wieder besuchen? Versprochen! Doch jetzt möchten wir uns gern an einen ruhigen Ort zurückziehen und ein wenig allein sein, auch in den nächsten Tagen.«

»Nein«, erwiderte der Mann. »Ich habe meinen Vorgesetzten extra gefragt, ob ich euch eine Woche beherbergen darf. Er meinte, eine Woche geht nicht, aber eine Nacht schon. Heute Nacht klappt das also, ihr könnt hierbleiben.«

Meine Güte, das ist aber echt ein Dickkopf!, dachte ich. »Siehst du«, meinte ich. »Du hast eine Woche vorgeschlagen, und er hat bloß eine Nacht erlaubt. Damit ist doch alles klar, oder?«

»Was?«

»Dass er nicht einverstanden ist.«

Doch er hörte nicht auf, in uns zu dringen, und irgendwann schloss er uns sogar ein, damit wir nicht wegkonnten. Der helle Wahnsinn, aber da gab es nichts zu diskutieren. Das war unser erster Abend im Iran. Wenigstens haben Fazila und ich Arm in Arm geschlafen.

Am nächsten Tag sind wir zur italienischen Botschaft gegangen, aber man ließ uns gar nicht erst rein, sondern teilte uns über die Gegensprechanlage mit, dass wir mit unserem

Anliegen aufs Konsulat müssten. Also begaben wir uns dorthin und vereinbarten einen Termin.

Nachdem wir die Kontrollen des Konsulats passiert hatten, empfing uns eine selbstgefällig wirkende Iranerin. Ich begrüßte sie, und sie rümpfte die Nase, als hätte ich Schweißflecken unter den Achseln, was nicht der Fall war. Ich erklärte ihr unsere Situation und legte meine italienischen Papiere vor, außerdem die Dokumente, die Fazila in Afghanistan so mühsam zusammengetragen hatte, darunter unsere Heiratsurkunde und so. Noch während ich sprach, nickte die Frau, überflog die Unterlagen und legte den Finger auf Details, natürlich die heikelsten. Ich sah, dass sie Nägel kaute. Sie las unerträglich langsam, bis ich sie irgendwann fragte, ob sie mir bitte sagen könne, wie lange die Ausstellung des Visums denn dauern werde.

Ohne aufzublicken, sagte sie: »Haben Sie es eilig?«

»Nun, so eilig man es eben hat, wenn man gern ein neues Leben anfangen möchte«, erwiderte ich.

Sie murmelte etwas von Gefahren, die sich die Leute bloß ausdenken, um abhauen zu können. Vielleicht bildete sie sich ein, wir würden sie nicht hören, vielleicht wollte sie uns aber auch bewusst beunruhigen. Solche Leute nerven mich total, Leute, die einem grundlos Steine in den Weg legen. Die nicht begreifen, dass Macht zu haben nicht unbedingt bedeutet, sie auch ausspielen zu müssen. Fazila stand neben mir. Es herrschte eine angespannte Stille. Ich musste wieder daran denken, wie ich in Italien vor der Kommission gestanden hatte, die entschied, ob ich als politischer Flüchtling anerkannt werden würde oder nicht. Wie damals hatte ich Zeitungsartikel dabei, unter anderem den aus der *New York Times*, in dem der Angriff im Distrikt Jaghori geschildert wurde. Ich zeigte ihn ihr.

»Ach, ihr habt doch immer irgendwelche Probleme«, meinte sie nur. Eine Bemerkung, die ich so unpassend fand, dass ich nicht wusste, was ich darauf erwidern sollte.

»Dort herrscht Krieg«, sagte ich.

Wieder rümpfte sie die Nase. »Wie dem auch sei, ich weiß nicht, wie lange das dauert.« Sie schob mir die Unterlagen wieder hin, als wären sie Altpapier, trotz der wichtigen Stempel. »So was braucht Zeit«, sagte sie. »Die Papiere sind jedenfalls in Ordnung. Lassen Sie sie hier, man wird Sie benachrichtigen.«

Das Wort »dauern« klang in meinen Ohren wie das Kreischen von Bremsen vor einem Aufprall. »Ich bin extra aus Italien angereist«, sagte ich. »Ich habe mir Urlaub genommen und muss in Kürze wieder arbeiten. Und ich habe nicht vor, ohne meine Frau abzureisen.« Ich spürte, wie es in mir brodelte, und befürchtete schon, aus meiner Nase könnte Rauch quellen. »Ich habe einen Brief geschrieben«, sagte ich. »Darf ich …«

»Einen Brief?«

»Ja, darin habe ich alles zusammengefasst – besser, als ich das mündlich vortragen kann. Gibt es jemanden, dem ich …«

»Wir brauchen keine Briefe. Wenn die Papiere in Ordnung sind, bekommen Sie das Visum, ansonsten nicht.« Neben ihrem Arm stand ein Glas Tee, und sie starrte darauf, als wollte sie in den Teeblättern lesen. Ich fragte, ob ich mit einem zuständigen Beamten sprechen könne. Damit meinte ich jemanden, der in der Hierarchie über ihr stand, ohne das so direkt zu sagen.

»Nein«, erwiderte sie.

Neben dem Eingang entdeckte ich einen Carabiniere. Er war groß, hatte dunkle Augen mit dichten Brauen, dazu tiefe Augenringe. Ohne um Erlaubnis zu bitten, trat ich zu ihm, stellte mich vor und fragte, ob er kurz Zeit habe. Er starrte mich an, als müsste er sich das erst noch überlegen. Ich zückte ein Exemplar von *Im Meer schwimmen Krokodile*, das ich extra eingesteckt, der Frau aber nicht gezeigt hatte, denn das hätte sie bloß verärgert. Den Brief, den ich dabeihatte, hatte ich ursprünglich nicht für diese Leute geschrieben, sondern für die Beamten in Kabul, als Fazila den tausend Stempeln hinterherjagte. Ich fragte den Carabiniere, ob er bereit sei, mich kurz anzuhören.

Während Fazila danebenstand und die Vögel in den Bäumen des Innenhofs herumflatterten, trug ich den Brief vor, auf eine korrekte Aussprache achtend. Der Carabiniere lauschte freundlich und professionell, ohne gedanklich abzuschweifen. Nur manchmal runzelte er die Stirn.

Zu Händen der Beamten der italienischen Botschaft

Ich heiße Enaiatollah Akbari, geboren in Ghazni, aber seit 2004 in Turin beheimatet, in Italien, wo man mich aufgenommen und mir die Möglichkeit zu studieren gegeben hat. Ich habe mich bemüht, diese Chance nicht ungenutzt verstreichen zu lassen. Seit meinem ersten Jahr in der Oberschule bis zu meinem Studienabschluss habe ich nebenher stets gearbeitet. Vor zwei Jahren habe ich meinen Abschluss in

Internationalem Recht, wirtschaftlicher Zusammenarbeit und Entwicklung *gemacht. 2010 habe ich gemeinsam mit einem Autor meine Lebensgeschichte erzählt. Ich bin sehr froh, dass das Buch viele Menschen erreicht hat, Jugendliche ebenso wie Erwachsene, und auf diese Weise dazu beitragen konnte, die politischen und religiösen Probleme des afghanischen Volkes bekannt zu machen. Ich durfte sogar den Staatspräsidenten Giorgio Napolitano kennenlernen. Als politischer Flüchtling ist es mir untersagt, nach Afghanistan zurückzukehren. Als Ehemann versuche ich seit über einem Jahr, die Papiere anerkennen zu lassen, die meiner Frau den Nachzug ermöglichen.*

Meine Frau Fazila hat von Geburt an in Ghazni gelebt. Aufgrund der erst kürzlich erfolgten Taliban-Angriffe, der Instabilität der gesamten Region sowie der möglichen Vergeltungsmaßnahmen wegen meines Buches und meiner kritischen Haltung dem religiösen Fundamentalismus gegenüber kann sie dort nicht in Sicherheit leben. Deshalb muss sie so schnell wie möglich zu mir nach Italien kommen. Ich verlasse mich erneut auf Ihr Wohlwollen und bitte Sie inständig, alles zu tun, um den Vorgang zu beschleunigen.

Ich hielt inne. Der Rest war nicht weiter wichtig, das waren nur Details.

»Von daher …«

Der Carabiniere nickte und bat mich zu warten, er müsse etwas überprüfen. Als er wiederkam, hatte er eine Italienerin dabei, eine Beamtin mit einem sympathischen Lächeln. Sie meinte, sie könne mir nicht sagen, wie lange man in Kabul brauche, um das Visum zu genehmigen. Denn das funktioniere inzwischen so: Sie schicke alles nach Kabul, an das Amt, zu dem Fazila aus Sicherheitsgründen keinen direkten

Zugang habe, das aber nach wie vor aktiv sei. Dieses Amt müsse Teheran dann über die Erteilung des Visums informieren. Sie versprach jedoch, Druck zu machen. Es tue ihr leid, dass sie uns kein konkretes Datum nennen könne, sei sich aber relativ sicher, dass die Genehmigung erteilt werde.

»Relativ?«, fragte ich.

»Man weiß nie«, meinte sie nur.

Es blieb uns also nichts anderes übrig, als uns in Geduld zu üben. Wir dankten ihr für ihre Mühe und auch für ihre Freundlichkeit, die manchmal fast genauso wichtig ist wie das, was gesagt wird. Ich lächelte dem Carabiniere mit den dunklen Augen zu und hinterließ meine Telefonnummer, damit sie mich erreichen konnten, wenn es Neuigkeiten gäbe.

Was nun? Wir beschlossen, das Beste aus der Situation zu machen. Wir waren im Iran. Wir waren zu dritt: Fazila, ihr Bruder und ich. Wir hatten Verwandte und Freunde in verschiedenen Städten. Der Iran ist ein wunderbares Land. Also nahmen wir uns vor, ein wenig herumzureisen und so etwas wie Urlaub zu machen.

Ich hatte große Lust, nach Isfahan zurückzukehren, wo ich gearbeitet hatte und einer meiner Onkel lebte – derjenige, der auch mit meiner Mutter im Flüchtlingslager gewesen war. Fazila hatte Cousins dort. Wir mieteten uns für ein paar Wochen ein Haus. Es war eine seltsame Zeit. Alles war in der Schwebe, und wir versuchten, nicht daran zu denken, was wäre, wenn man uns das Visum verweigern würde. Gleichzeitig konnten wir schon einmal das Leben als Paar ausprobieren.

Wir klapperten ganz Isfahan ab. Wir besichtigten die Schah-Moschee, die am südlichen Ende des riesigen, pulsierenden Platzes Naqsh-e jahan aufragt; die Allah-Verdi-Khan-Brücke mit den dreiunddreißig Stützbögen, die im 17. Jahrhundert von den Safawiden erbaut wurde; den Ali-Qapu-Palast, den früheren Wohnsitz des Schahs. Orte, von denen ich, als ich noch unter Onkel Hamids Aufsicht Mörtel anmischte, nicht das Geringste geahnt hatte.

Doch die Zeit verging, und das Konsulat meldete sich nicht. Mein Visum drohte abzulaufen. Ich hielt es für besser, es zu verlängern. Ich ging auf das entsprechende Amt, geriet dort jedoch wieder einmal in die Fänge eines frustrierten Beamten. Erwischte ich immer die Falschen, oder gab es von dieser Sorte einfach unendlich viele? Auf dem Amt war die Hölle los, niemand stellte sich an, alle drängelten und brüllten. Ich beschloss, ganz förmlich aufzutreten, denn bei solchen Leuten zieht das oft – sie brauchen es, dass man sie umschmeichelt.

Als ich zu dem Tisch kam, hinter dem ein langer, dünner Mann mit Vollbart und jeder Menge Ringen an den Fingern saß, begrüßte ich ihn in meinem besten Farsi und erklärte ihm meine Situation: Ich warte noch auf einen Anruf vom Konsulat, ob ich das Visum um einen Monat verlängern könne? Stets in der Hoffnung, dass das genügte. Denn wer weiß …

Der lange dünne Mann mit dem Vollbart ließ mich ausreden und sagte dann: »Sie leben also in Italien?«

»Ja.«

»Sprechen Sie Italienisch?«

»Wie bitte?«

»Sagen Sie etwas auf Italienisch.«

»Was denn?«

»Irgendetwas auf Italienisch.«

Ich musste lachen und meinte: »Aber Sie sprechen die Sprache doch gar nicht, woher wollen Sie da wissen, ob ich auch wirklich Italienisch spreche?«

»Das spielt keine Rolle. Los, sprechen Sie schon.«

»Was soll ich denn sagen?«

»Sagen Sie, dass Sie sich einen Neuwagen kaufen wollen.«

»Ich soll Ihnen auf Italienisch sagen, dass ich einen Neuwagen kaufen will?«

»Ja.«

»Buongiorno, vorrei acquistare una macchina nuova.«

»Und jetzt ein Rezept.«

»Was für ein Rezept?«

»Egal, was Sie wollen. Ich mag die italienische Küche.«

Ich wusste, dass ich die Ruhe bewahren und so tun musste, als wäre das völlig normal. Aber manchmal ist es einfacher, mit Angebern Geduld zu haben als mit Idioten. Ich sagte, ich sei ein grottenschlechter Koch. Wenn er mir die benötigte Information geben könne, dann bitte. Ansonsten solle er mich an jemand anders verweisen.

Er tat so, als hätte er mich nicht gehört. »Waren Sie im Stadion?«

»Wie bitte?«

»Waren Sie jemals im Stadion? Kennen Sie Francesco Totti? Singen Sie mir eine Hymne vor. Eine von denen, die die Italiener im Stadion grölen.« Und genau das tat er, er klatschte sogar in die Hände dabei, so nach dem Motto: *Eins, zwei, drei! Eins, zwei, drei!*

Da machte ich auf dem Absatz kehrt.

Fazila und ich gönnten uns noch zwei Tage, um Shiraz zu besichtigen, eine Stadt, die für ihre Dichter und ihren Wein berühmt ist. Erstere sind alle tot, und Letzterer ist seit 1979 verboten, aber es gibt immer noch die Gärten, die, wenn man zur richtigen Jahreszeit kommt, in voller Blüte stehen. Sie sind so herrlich, dass man sich daran berauschen kann. Fazila beschloss, schon einmal ein paar Einkäufe für unsere Wohnung in Turin zu machen: Teppiche, Kissen, Stoffe. Ich hatte ihr Fotos gezeigt, und sie war sich ganz verloren vorgekommen, so italienisch, so westlich war das alles … Um sie wieder aufzumuntern, hatte ich ihr versprochen, dass sie die Wohnung nach Herzenslust umgestalten und auch ganz anders einrichten dürfe. Hätte ich das doch nie gesagt! Sechs Koffer brauchten wir, um ihre Einkäufe unterzubringen, sechs!

Eine Woche bevor mein Visum ablief, kehrte ich auf das Amt mit dem langen Dünnen zurück, der mir unbedingt italienische Sätze entlocken wollte. Ich sah ihn … und mied ihn. Inmitten des üblichen Radaus ging ich zu einem Kollegen, indem ich mehr oder weniger über die Menschenmenge hinwegsurfte und direkt auf seinem Schreibtisch landete. Er behandelte mich deutlich professioneller, erklärte jedoch, man sei nicht befugt, mein Visum zu verlängern. Dafür müsse ich aufs Hauptamt nach Teheran.

Fazila und ihr Bruder verabschiedeten sich von ihren Onkeln und Cousins, und wir kehrten nach Teheran zurück. Auf dem Hauptamt sagte man uns höflich, das gehe nicht: Ich bekäme keine Verlängerung. Ich diskutierte. Ich brüllte. Ich flehte. Umsonst, es war einfach nichts zu machen. In drei Tagen müsse ich den Flieger nehmen und zurückkehren, und daran sollte ich mich tunlichst halten – nicht, dass ich auf die Idee käme, ohne Erlaubnis zu bleiben.

Wir gingen noch einmal in die Botschaft, zu dem Carabiniere mit den dunklen Augen und der Frau mit dem sympathischen Lächeln, doch in Bezug auf Fazilas Visum gab es keine Neuigkeiten. Es gab nichts mehr, was ich tun konnte. Ich fühlte mich mehr als nur *khasta kofta*: eher wie ein Boxsack, der einen Tag lang von einem Riesen windelweich geprügelt wurde. Ich musste nach Italien zurückkehren. Allein. Ich musste akzeptieren, wovon ich behauptet hatte, es niemals akzeptieren zu wollen.

Fazila würde mit ihrem Bruder im Iran bleiben.

Ich war außer mir vor Wut, doch ich musste mich fügen.

Zwei Monate später lief auch Fazilas Visum ab. Sie musste das Land verlassen und nach Afghanistan zurückkehren. Ich konnte es nicht glauben. Und als ob das alles nicht schon schlimm genug gewesen wäre, konnte sie nicht einmal nach Nawa zurück: Wegen der Minen der Taliban und wegen diverser Schneestürme waren die Straßen unbefahrbar. Deshalb reisten ihr Bruder und sie nach Herat, zu ihrer Schwester, und schafften es erst drei Wochen später nach Nawa.

Nach all den Anstrengungen standen wir wieder ganz am Anfang.

16

Um mich abzureagieren – so ähnlich wie ein Hund, der sich trocken schüttelt –, konnte ich keine Sekunde still halten und traf eine wichtige Entscheidung: Ich würde die italienische Staatsbürgerschaft beantragen.

Bisher hatte ich das nicht getan, obwohl ich seit meinem zweiten Studienjahr über alle nötigen Papiere verfügte. Aus verschiedenen Gründen war das ein Schritt, für den ich mir Zeit nehmen wollte. Was mich davon abhielt, war mein lang gehegter Traum, irgendwann nach Afghanistan zurückzukehren und mich dort vielleicht politisch zu betätigen. Ich wusste, dass die Afghanen keine Politiker mit doppelter Staatsbürgerschaft mögen. Das gibt es nämlich häufiger: Sie kommen aus dem Ausland, wo sie auch wohnen und ihre wirtschaftlichen Interessen verfolgen, und kandidieren bloß, um ihre Geschäfte zu befördern. Für so jemanden wollte ich nicht gehalten werden. Sollte mein Schicksal vorsehen, dass ich irgendwann wieder einreisen und mich für die Zivilgesellschaft, für staatliche, kostenlose, gute Bildung einsetzen darf, dann sollte man mir keine persönlichen Interessen unterstellen können.

Doch jetzt, wo Fazila in mein Leben getreten war, musste ich mich vor allem um sie kümmern, und nicht nur das: Ich lebte in Italien, und meine Frau würde mir folgen. Wir hofften, eines Tages Kinder zu haben, die aller Wahrscheinlichkeit nach in Italien zur Welt kommen würden. Ich wollte nicht, dass sie Ausländer wären. Kinder afghanischer Eltern, hier, wo die Staatsangehörigkeit nach dem *ius sanguinis* verliehen wird, dem Abstammungsprinzip. Ich wollte sie nicht dazu zwingen, als Fremde in dem Land zu leben, in dem sie aufwachsen würden. Als »ausländische Italiener«. Als Fremde, die sich auch selbst fremd sind. Achtzehn Jahre lang.

Als ich zu Beginn des Schuljahres 2012 im Quirinalspalast Staatspräsident Giorgio Napolitano kennenlernte, gab der mir nach meinem Wortbeitrag die Hand und sagte: »Akbari, vergessen Sie nicht, dass Sie *schon jetzt* Italiener sind.« So fühlte ich mich auch. Aber das reicht leider nicht. So funktioniert das nicht, auch wenn es so sein sollte.

Es reicht nicht, dass man es will. Oder sich so *fühlt*.

Seit Fazila und ich uns in Teheran verabschiedet hatten, waren Monate vergangen. Mitte April bekam ich einen Anruf vom Konsulat: Das Visum liege vor. Fazila konnte also endlich in den Iran zurückkehren, es abholen und nach Italien aufbrechen. Und genau das tat sie auch.

Und ausnahmsweise einmal stellte sich das Schicksal nicht quer.

Eines wunderschönen Maimorgens holte ich sie in Malpensa ab, an einem dieser Tage, an denen man glaubt, die Welt sei für einen gemacht und tue alles dafür, dass man glücklich wird, genau im richtigen Moment. Als ich Fazila durch die Schiebetür in die Ankunftshalle kommen sah, war ich schwer berührt: Sie kam mir so jung vor, so verloren, in den Augen nichts als Staunen. Fazila ist acht Jahre jünger als ich. Sie hat viel Erfahrung mit Dingen, die niemand erlebt haben sollte, weiß aber nur sehr wenig über die Welt jenseits der ihren. Ihre Augen huschten hin und her, als kämen sie ihren Gedanken nicht hinterher. Diesmal waren wir nicht in Teheran, und daher fielen wir uns, kaum dass wir uns sahen, in die Arme und verharrten so, umtost von der Menge, den Stimmen, dem Gelächter und dem Duft nach Kaffee und Brioches, die in den Mikrowellen der Bars aufgewärmt wurden.

»Du bist da!«, flüsterte ich ihr ins Ohr.

»Ich bin da«, erwiderte sie.

Das Erste, was wir in Turin taten, war, eine Runde durch die Stadt zu drehen. Ich wollte ihr jede Kleinigkeit zeigen, jede Ecke, die etwas mit mir zu tun hatte, die Universität, einen bestimmten Platz, den Po, die Uferpromenade, die Hügel … Einige Tage lang fuhr ich sie auf dem Gepäckträger meines Rades herum. Ich liebte es, ihre Beine hinter mir hervorragen zu sehen und ihre Hände um meine Taille zu spüren. Das war die Bestätigung dafür, dass es wahr war, dass es tatsächlich passiert war. Dann kauften wir auch ihr ein Rad. Ein paar Monate ging alles gut.

Eines Tages kam Fazila nach Hause und sagte: »Das Rad ist weg.«

»Wie, das Rad ist weg?«

»Ich habe es im Hof stehen lassen.«

»Und jetzt ist es nicht mehr da?«

»Nein.«

Ich schaute vom Balkon. »Wo stand es denn?«

Fazila zeigte auf die Stelle.

»Und das Schloss?«

»Das ist mit dem Rad verschwunden.«

»Komisch.«

»Warum?«

»Normalerweise lassen sie es einfach liegen.«

»Warum denn das?«

»Na ja, nachdem sie es mit der Zange aufgezwickt haben, nutzt es nicht mehr viel.«

Fazila sah mich verständnislos an.

»Das Schloss war nicht besonders toll, trotzdem komisch. Mein Rad haben sie nie geklaut, und das lass ich schon seit Jahren im Hof stehen. Ich schließ es immer am selben Ort an.«

»Vielleicht hätte ich das auch tun sollen.«

»Was?«

»Es anschließen.«

Ich schaute sie an, als müsste ich ein Schild auf Urdu entziffern. »Es war nicht angeschlossen?«

»Nein.«

»Fazila … natürlich musst du es irgendwo anschließen!«

»Aber das ist doch unser Innenhof. Außerdem war es ein altes Rad.«

»Na ja, so alt war es auch wieder nicht!«

Ich lächelte und drückte sie. Es tat ihr so leid. Das Problem war nur, dass sie glaubte, Italien wäre ein Land, in dem es allen gut geht und jeder kauft, was er braucht, statt es zu stehlen. Kabul war eine Stadt, in der man schon einmal in einen bewaffneten Überfall geraten konnte. Aber Turin war in ihrer

Vorstellung ein Ort voller Güte und Wohlstand. Ihre Naivität rührte mich. Bald darauf geschah es erneut. Sie dachte einfach nicht daran, stieg vom Rad, lehnte es an eine Mauer, und als sie zurückkam, war es nicht mehr da. Also kauften wir ein drittes. Ein so hässliches, klappriges, dass es bestimmt niemand will.

Aus demselben Glauben heraus ließ Fazila anfangs auch immer die Wohnungstür offen stehen. Damit die Leute, vor allem die Nachbarn aus unserem Stockwerk, wussten, dass sie jederzeit willkommen sind. Ich musste ihr erklären, dass man das nicht tut. Sie machte mir Vorwürfe, weil wir die anderen Mieter nie zum Abendessen einluden. Ich erklärte ihr, dass das hier nicht üblich sei. Im Hazarajat, meinte sie, würde man in einem Haus von unserer Größe reihum Abendessen organisieren: An einem Abend geht man zum einen, am nächsten zu jemand anderem. Ich meinte, früher oder später würden wir so etwas auch tun, und versprach ihr ein Nachbarschaftsfest.

Fazila liebt das Grün und die Natur. Sie liebt Parks. Wir fahren oft mit dem Rad ins Naturschutzgebiet Meisino, dort, wo der Po und die Stura di Lanzo zusammenfließen. Um sie damit zu überraschen, aber auch um ihr die afghanische Gemeinde Turins vorzustellen, organisierten wir ihr zu Ehren ein Fest, in den Bergen im Lanzo-Tal, etwa anderthalb Stunden mit dem Auto entfernt. Wir ließen uns am Ufer des Malciaussia-Sees nieder, eines Stausees, der Anfang des 19. Jahrhunderts durch den Bau eines Dammes entstand. Der alte Ort befindet sich heute auf dem Grund des Sees. Das ist ein Ort, den ich liebe. *Mal ciaussia* bedeutet im regionalen Dialekt *mal calzati*, also »schlecht beschuht«. Gut möglich, dass sich das auf das schlechte Schuhwerk der Leute bezieht, die hierherkamen, um ihr Vieh weiden zu lassen – und mit Bergen und schlechtem Schuhwerk kenne ich mich wahrhaftig aus!

Wir fuhren an einem Wochenende dorthin, zusammen mit afghanischen Freunden. Jeder brachte etwas mit: Fleisch, Gemüse, Wein. Wieder andere sorgten für das Kochzubehör. Wir grillten, hörten Musik, tanzten und lachten. Übernachtet wurde im Zelt. Am nächsten Tag machten wir eine Wanderung zu einem anderen See, dem Nero-See. In den letzten Jahren sind immer mehr afghanische Familien nach Turin gezogen, und mit einigen sind wir befreundet: Es entsteht gerade eine schöne Gemeinschaft. Wir unterstützen uns gegenseitig, pflegen ein paar Traditionen und sprechen unsere Sprache. Wenn wir zusammen sind, fühlen wir uns als Afghanen. Dann diskutieren wir über das, was gerade in Kabul oder im Hazarajat passiert. Aber im Alltag, bei der Arbeit oder so, fühlen sich alle, die schon länger hier sind, als Italiener oder Afghano-Italiener, so wie man sich auch als Afro-Italiener fühlen kann. Denn eine Identität schließt die andere nicht aus. Man muss sich nicht entscheiden, man kann sie miteinander verbinden.

Wenn jemand Neues kommt, bemüht sich die afghanische Gemeinde, ihn bestmöglich zu empfangen. Wenn nötig, hilft sie beim Einleben. Wir legen für die Einrichtung zusammen, für Teller, Becher und Stühle. Fazila und ich haben vor

Kurzem eine afghanische Familie aufgenommen, Vater, Mutter und ein zweijähriges Kind, bis diese eine passende Mietwohnung finden. Unter den Neuankömmlingen herrscht eine Art Wettbewerb, die italienische Sprache schnellst- und bestmöglich zu lernen. Wir empfehlen uns gegenseitig Sprachschulen, tauschen Wörter und Redewendungen aus, und wenn jemand deutliche Fortschritte macht, ist das ein Anreiz für die anderen, die noch nicht so weit sind. Natürlich ist nicht alles eitel Sonnenschein, das Leben besteht nicht nur aus harmonischen Grillfesten. Auch bei uns gibt es Streit, auch bei uns gibt es Menschen, die sich schwerer tun als andere. Aber wir sind hier. Und wir sind nicht allein. Wir geben unser Bestes.

Ich für meinen Teil gebe mein Bestes, Fazila von der Pizzeria bei uns um die Ecke fernzuhalten. Sie hat nämlich entdeckt, dass es dort eine Focaccia namens *Rosa* gibt, gefüllt mit Oliven, Tomaten, Rucola und Olivenöl, der sie buchstäblich nicht widerstehen kann. Anfangs mochte sie sie nicht besonders, weil ihr das Öl zu intensiv war, doch heute kann sie gar nicht mehr ohne. Wenn wir abends ausgehen, nehme ich extra einen anderen Weg, damit wir ja nicht an dieser Pizzeria vorbeikommen, denn sonst zerrt sie mich hinein. So ist das mit Fazila, meiner großen Liebe. Als sie die *Piadina* für sich entdeckte, haben wir wochenlang nur noch *Piadine* gegessen.

Sie lernt Italienisch und will, dass wir auch zu Hause Italienisch reden, doch ich liebe es, sie in unserer Muttersprache zu hören. Ich liebe den Klang ihrer Stimme. Man kann sich vorstellen, wie das nach all den Jahren für mich ist: heimzukommen, was auch immer dieses wunderbare Wort bedeuten mag, und die eigene Muttersprache zu hören. Wenn sie also noch nicht so weit ist, wie sie sein könnte, dürfte das allein meine Schuld sein. Abends und am Wochenende üben wir jedoch gemeinsam. Heute haben wir auf einem Zettel, den wir in der Küche aufgehängt haben, die Begriffe aller Kochutensilien aufgelistet. Vergleichbares ist im Schlafzimmer, im Flur und im Bad passiert. Um ihren Wortschatz zu verbessern. Als Nächstes kommen die Verben dran: Wir finden schon einen Weg, damit zu spielen.

Inschallah ist ein Wort, das Fazila häufig verwendet. Das gefällt mir. Nach dem Freudensprung, den mein Leben dank ihr gemacht hat, dient mir Fazila auch diesbezüglich als Vorbild: Es ist nun mal so, dass wir nicht jede einzelne Wendung, die unser Leben nimmt, nicht jedes Ereignis, das uns streift oder überrollt, bestimmen können. *Inschallah. Hakuna Matata.* Krempeln wir die Ärmel hoch, aber bitte mit der gebotenen Leichtigkeit, ohne uns zu sehr abzustrampeln. Das Leben ist anstrengend und komisch, manchmal sogar auf eine unergründliche Weise schön. Auf jeden Fall findet es jetzt und hier statt.

Unsere Wohnung ist nicht mehr so bunt, wie ich sie beschrieben habe: Inzwischen ist sie weiß. Überall liegen die iranischen Teppiche herum, die Fazila gekauft hat, und Kissen, wie sie in unserer Heimat üblich sind. Es ist eine ganz andere Wohnung geworden, und ich fühle mich wohl darin, wenn nicht sogar wohler als früher. Es läuft folgendermaßen: Wenn ich morgens aufwache, gehe ich als Erstes in die Küche, koche mir einen Tee, setze mich damit vor die Balkontür und nippe daran. Normalerweise trinke ich zwei, drei Tassen, ich bin ein begeisterter Teetrinker. Im Herbst und im Winter mag ich ihn kochend heiß. Die Wärme der Tasse in meinen Händen und die der Flüssigkeit in meinem Bauch wärmen mich von innen, so wie das Licht der aufgehenden Sonne den Hof wärmt und das vor Jahren restaurierte und dann wieder sich selbst überlassene Gebäude auf der anderen Hofseite, und jenseits des Gebäudes die Stadt und jenseits der Stadt den ganzen Planeten. Hartnäckig nimmt sie ihren Lauf von Osten nach Westen – die Richtung, die auch ich genommen habe, um dann wieder dorthin zurückzukehren, von wo ich aufgebrochen bin.

Einmal hin und zurück, einmal um die Welt, um die wir uns, davon bin ich fest überzeugt, gemeinsam kümmern müssen. Und dazwischen all die Geschichten von Vätern, Müttern und Kindern. Von Leben, die durch Kriege oder Hungersnöte zerstört wurden, von Träumen, die verdorren wie das Gras, das der Wind sozialer und wirtschaftlicher Ungleichheit entwurzelt und überallhin zerstreut. »Die neue Stadt wird durch den gebaut, der sie erträumen kann«, hat der italienische Soziologe Danilo Dolci einmal gesagt. Ich hatte das Glück, Einzug in die Vorstellungswelt vieler Menschen halten zu können. Gleichzeitig versuche auch ich, andere zu erträumen. Und wer weiß? Vielleicht erlaubt es uns der Tag am Ende einer langen Nacht ja doch, einen Funken Hoffnung zu bewahren und den Mut aufzubringen, ihn Realität werden zu lassen.

Glossar

Agha – Anredeform für Männer (»Herr«, »Onkel«, »Bruder«)
Haddsch – Pilgerfahrt, Enaiats Spitzname für seine kleine Nichte
Azan – Gebetsruf
Ba midi khoda – »Hoffe auf Gott«, hier freier: »Mal schauen, was das Schicksal bereithält«
Balon Mundial – Fußballturnier von elf Mannschaften, bestehend aus ausländischen Einwohnern Turins
Buzul-bazi – eine Art Würfelspiel
Chila – Ehering
Dambura – Langhalslaute
Dood Pathi – pakistanischer Tee mit Zucker und Kardamom
Gulpari – Rosenblatt, Enaiats Name für seine Schwester
Hakuna Matata – Redewendung, »Kein Problem« (Swahili)
Inschallah – Redewendung, »So Gott will«
Jan – Liebling
Khaghistar giaru kido amadem – Redewendung, »Ich sammle den Staub auf, den ich verbreitet habe«
Khamri – Fladenbrot
Khasta kofta – Redewendung, »müde wie ein Fleischkloß«
Khoda negahdar – »Lebwohl«
Komai – dicke Bäckchen
Korma Palau – Gemüse, Fleisch und Reis
Lagh – nackt

Mowafaqh basci – »Viel Erfolg«

Naan – pakistanisches Fladenbrot

Nabat – mit Safran und anderen Gewürzen angereicherte Zuckerkristalle

Nikka – Trauungszeremonie

Norband – Sonnenstrahl, Enaiats Name für seinen Bruder

Nouruz – persisches Neujahrsfest

Piadina – italienisches Fladenbrot

Pici – toskanische Nudeln, eine Art dicke Spaghetti

Pirhan – weite Baumwollhose

Plin – gefüllte Teigtaschen aus dem Piemont

Ragsha – Autorikschas

Rubab – Schalenhalslaute

Sahib – Anredeform für Männer (»Herr«, »Gefährte«, »Gebieter«)

Salaam – Gruß, »Friede sei mit dir!«

Samavat – Herberge, Hotel

Shir Chai – Kardamomtee mit Milch

Sindhi – traditionelle afghanische Kopfbedeckung

Spannegra – Wurzel, die von den Hazara zum Räuchern verwendet wird

Tajarin – piemontesische Tagliatelle

Tashakor – »Danke«

Tinca gobba del pianalto di Poirino – Goldschleie mit rundem Rücken aus Pianalto di Poirino

Lesen Sie auch:

Leseprobe

Afghanistan

Ich habe einfach nicht damit gerechnet, dass sie wirklich weggeht.

Wenn man als Zehnjähriger abends einschläft, an einem ganz normalen Abend, der auch nicht dunkler, sternenklarer, stiller oder übel riechender ist als andere; an einem Abend, an dem dieselben Muezzin von den Minaretten zum Gebet rufen wie immer; wenn man als Zehnjähriger – und das ist nur so dahingesagt, weil ich gar nicht genau weiß, wann ich geboren bin, denn in der Provinz Ghazni gibt es kein Geburtenregister – also, wenn man als Zehnjähriger einschläft, und deine Mutter drückt deinen Kopf vor dem Schlafengehen länger an ihre Brust als sonst und sagt:

Drei Dinge darfst du nie im Leben tun, Enaiat Jan, niemals, versprich es mir.

Erstens: Drogen nehmen. Manche duften und schmecken gut, und wenn sie dir vorgaukeln, mit ihnen ginge es dir besser als ohne, hör nicht auf sie, versprich es mir!

Versprochen.

Zweitens: Waffen benutzen. Auch wenn jemand dich oder deine Ehre beleidigt, versprich mir, dass deine Hand niemals zu einer Pistole, einem Messer, einem Stein, ja nicht einmal zu einem Holzlöffel greifen wird, wenn dieser

Holzlöffel dazu dient, einen Menschen zu verletzen. Versprich es mir!

Versprochen.

Drittens: Stehlen. Was dir gehört, gehört dir. Was dir nicht gehört, nicht. Das Geld, das du zum Leben brauchst, wirst du dir erarbeiten, auch wenn es mühsam ist. Du wirst niemanden betrügen, Enaiat *Jan*, versprochen? Du wirst allen gastfreundlich und großzügig begegnen. Versprich es mir!

Versprochen.

Also, auch wenn deine Mutter solche Sachen zu dir sagt, anschließend zum Fenster schaut und anfängt, von Träumen zu reden, und dich dabei ununterbrochen liebkost – wenn sie von Träumen spricht wie dem Mond, in dessen Schein man abends essen kann, und von Wünschen. Davon, dass man immer einen Wunsch vor Augen haben soll, wie ein Esel eine Karotte, und dass uns erst der Wille, unsere Wünsche wahr zu machen, die Kraft gibt, morgens aufzustehen, ja, dass es das Leben lebenswert macht, wenn man nur immer schön seinen Wunsch im Kopf behält. Also, auch wenn dir deine Mutter beim Einschlafen solche Dinge sagt, mit einer leisen, sonderbaren Stimme, die dir die Hände wärmt wie Kohlenglut, wenn sie also damit die Stille füllt, ausgerechnet sie, die stets nüchtern und wortkarg war – selbst dann fällt es dir schwer zu glauben, dass ihre Worte *khoda negahdar* bedeuten: Lebewohl.

Einfach so, aus heiterem Himmel.

Als ich am nächsten Morgen aufwachte, reckte und streckte ich mich und suchte rechts neben mir nach dem vertrauten Körper meiner Mutter. Nach dem beruhigenden Duft ihrer Haut, der für mich so etwas bedeutete wie: Los, wach auf, steh auf! Aber meine Hand griff ins Leere, und ich bekam nur das weiße Baumwolllaken zu fassen. Ich zog es an mich, drehte mich um und riss die Augen auf. Ich setzte mich auf und rief nach meiner Mutter. Aber weder sie noch sonst irgendjemand hat mir geantwortet. Sie war in dem Zimmer, in dem wir übernachtet hatten und das noch warm war von den sich im Dämmerlicht regenden Leibern. Sie war nicht an der Tür und nicht am Fenster, um auf die von Autos, Lastwagen und Fahrrädern befahrene Straße zu schauen. Sie war auch nicht bei den Wasserkrügen oder in der Raucherecke, um sich, wie sie es in den letzten drei Tagen gemacht hatte, mit jemandem zu unterhalten.

Von draußen drang der Lärm von Quetta herein, der sehr viel lauter ist als der in meinem kleinen Heimatdorf, einem Fleckchen Erde voller Häuser und Bäche in der Provinz Ghazni. Für mich ist das der schönste Ort der Welt, und das sage ich jetzt nicht nur, um damit anzugeben, sondern weil es wahr ist.

Ich konnte mir nicht vorstellen, dass es die Größe der Stadt war, die diesen Lärm verursachte. Ich dachte, es handelte sich um ganz normale Nationalitätsunterschiede wie die Art, das Fleisch zu würzen. Ich dachte, der Lärm in Pakistan wäre anders als der in Afghanistan, und dass jedes Land seinen eigenen Lärm hat, der von allem Möglichen abhängt. Zum Beispiel davon, was die Leute essen und wie sie sich fortbewegen.

Mama!, rief ich. Mama!

Keine Reaktion. Also schob ich die Decke weg, zog meine Schuhe an, rieb mir die Augen und suchte nach dem Besitzer der Unterkunft, der hier das Sagen hatte, um ihn zu fragen, ob er meine Mutter gesehen hätte. Schließlich hatte er uns gleich nach unserer Ankunft vor drei Tagen mitgeteilt, dass niemand seine Herberge betrete oder verlasse, ohne dass er etwas davon mitbekomme. Darüber hatte ich mich gewundert, schließlich musste auch er hin und wieder schlafen.

Die Sonne teilte den Eingang zum *Samavat Qgazi* in zwei Hälften. In Pakistan heißen solche Herbergen auch Hotel, obwohl sie keinerlei Ähnlichkeit mit hiesigen Hotels haben. Das *Samavat Qgazi* war weniger ein Hotel als ein Aufbewahrungsort für Körper und Seelen. Ein Aufbewahrungsort, an dem man eng zusammengepfercht darauf wartet, zu Paketen verschnürt und in den Iran, nach Afghanistan oder sonst wohin verschickt zu werden. Ein Ort, an dem man Kontakt zu Schleppern aufnimmt.

Wir waren drei Tage im *Samavat* geblieben, ohne ihn ein einziges Mal zu verlassen: Während ich spielte, unterhielt sich meine Mutter mit anderen Müttern oder ganzen Familien, mit Leuten, denen sie zu trauen schien.

Ich weiß noch, dass meine Mutter in Quetta die Burka getragen hat. Bei uns zu Hause in Nawa trug sie sie nie, ich wusste nicht einmal, dass sie eine besaß. Als sie die Burka an der Grenze zum ersten Mal anzog und ich sie nach dem

Grund dafür fragte, antwortete sie lachend: Es ist ein Spiel, Enaiat, kriech drunter!

Daraufhin hob sie einen Zipfel ihres Gewands, und ich tauchte unter den blauen Stoff, als spränge ich in ein Schwimmbecken. Ich hielt die Luft an, aber ohne zu schwimmen.

Wegen des grellen Lichts legte ich meine Hand schützend vor die Augen, näherte mich Onkel Rahim, dem Besitzer, und entschuldigte mich für die Störung. Ich fragte nach meiner Mutter, erkundigte mich, ob er sie hatte fortgehen sehen, schließlich kam hier niemand rein oder raus, ohne dass er es bemerkte.

Onkel Rahim las gerade Zeitung. Es war eine englische Zeitung mit roten und schwarzen Buchstaben, ganz ohne Bilder. Er rauchte eine Zigarette. Er hatte lange Wimpern und Wangen, die mit einem Flaum bedeckt waren wie manche Pfirsiche. Auf dem Tisch im Eingangsbereich stand ein Teller mit Aprikosen, drei prallen, orangefarbenen Früchten und einer Handvoll Maulbeeren. Meine Mutter hatte mir erzählt, dass es in Quetta jede Menge Früchte gibt. Auf diese Weise wollte sie mich dafür begeistern, denn ich liebe Früchte. Quetta heißt auf Paschtu »befestigtes Handelszentrum« oder so was Ähnliches. Es ist also ein Umschlagplatz, an dem mit Waren, Menschenleben und vielem mehr gehandelt wird. Quetta ist die Hauptstadt von Belutschistan, dem Obstgarten Pakistans.

Ohne aufzublicken, pustete Onkel Rahim den Rauch in Richtung Sonne und sagte: Ja, ich habe sie gesehen.

Ich war froh. Wo ist sie hingegangen, Onkel Rahim?

Fort.

Fort, wohin?

Fort.

Wann kommt sie wieder?

Sie kommt nicht wieder.

Sie kommt nicht wieder?

Nein.

Wie, sie kommt nicht wieder? Onkel Rahim, was soll das heißen, sie kommt nicht wieder?

Sie kommt nicht wieder.

Da war ich sprachlos. Vielleicht hätte ich noch andere Fragen stellen sollen, aber mir fielen keine ein. Ich schwieg und starrte den Flaum auf den Wangen des Samavat-Besitzers an, allerdings, ohne ihn wirklich wahrzunehmen.

Dann sagte er doch noch was. Sie lässt dir etwas ausrichten.

Was denn?

Khoda negahdar.

Sonst nichts?

Doch, noch etwas.

Was denn, Onkel Rahim?

Dass du die drei Dinge, die sie dir verboten hat, niemals tun darfst.

Ich werde meine Mutter *Mama* nennen, meinen Bruder *Bruder* und meine Schwester *Schwester*. Nur das Dorf, in dem wir wohnten, werde ich nicht *Dorf* nennen, sondern Nawa, ganz einfach, weil es so heißt. Sein Name bedeutet »Rinne«, weil es in einem Tal liegt, das von zwei Bergketten umgeben ist. Als Mama eines Abends, als ich vom Spielen auf den Feldern zurückkam, sagte, mach dich fertig, wir müssen los, und ich fragte, wohin, worauf sie antwortete, wir verlassen Afghanistan, dachte ich, dass wir einfach nur die Berge überqueren würden. Für mich war Afghanistan bloß dieses Tal mit den Bächen. Ich hatte nicht die geringste Ahnung, wie groß es wirklich ist.

Wir nahmen einen Stoffbeutel, packten Kleider zum Wechseln und etwas zu essen ein: Brot und Datteln. Ich war völlig aus dem Häuschen wegen der bevorstehenden Reise. Am liebsten wäre ich zu den anderen gerannt und hätte ihnen alles erzählt, aber meine Mutter verbot es mir. Sie befahl mir, auf sie zu hören und keinen Lärm zu machen. Meine Tante, die Schwester meiner Mutter, kam vorbei, und sie unterhielten sich ein Stück weit von mir entfernt. Dann tauchte ein Mann auf, ein alter Freund meines Vaters, der nicht ins Haus kommen wollte. Er meinte, wir müssten los, der Mond sei noch nicht aufgegangen, und die Dunkelheit sei Sand in den Augen der Taliban.

Kommen mein Bruder und meine Schwester nicht mit, Mama?

Nein, sie bleiben bei der Tante.

Mein Bruder ist noch klein, er will nicht bei der Tante bleiben.

Deine Schwester wird sich um ihn kümmern. Sie ist beinahe vierzehn und schon eine richtige Frau.

Und wir, wann kommen wir zurück?

Bald.

Wann bald?

Bald.

Ich muss zum *Buzul-bazi*, zum Würfelturnier.

Hast du die Sterne gesehen, Enaiat?

Was haben die Sterne damit zu tun?

Zähle sie, Enaiat.

Das geht nicht, es sind zu viele.

Dann fang wenigstens damit an, sagte meine Mutter. Sonst wirst du niemals fertig.

Der Bezirk Jaghori, in dem wir lebten, ist nur von Hazara bevölkert, also von Afghanen wie uns. Wir haben mandelförmige Augen und eine platte Nase. Na ja, ganz platt ist sie auch nicht, nur ein bisschen platter als normal. Mit anderen Worten, wir haben mongolische Züge. Angeblich stammen wir von den Soldaten des Dschingis Khan ab. Andere behaupten, dass unsere Vorfahren Kuschanen waren. Das sind die Ureinwohner jener Gegend, die legendären Erbauer der Buddhastatuen von Bamiyan. Wieder andere behaupten, dass wir Sklaven sind und wie Sklaven behandelt werden müssen.

Für uns war es extrem gefährlich, diesen Bezirk oder die Provinz Ghazni zu verlassen (und ich benutze die Vergangenheitsform nur, weil ich nicht weiß, wie es heute ist, obwohl ich nicht glaube, dass sich die Lage groß geändert hat). Denn wenn man Taliban oder Paschtunen begegnete – die zwar nicht ein und dasselbe sind, aber beide nur Leid über unser Volk gebracht haben –, musste man äußerst vorsichtig sein. Deshalb brachen wir nachts auf: meine Mutter, ich und der Mann, den ich einfachheitshalber nur *Mann* nennen werde, und den meine Mutter gebeten hatte, uns zu begleiten. Wir marschierten los und gelangten im Schutz der Dunkelheit, aber bei Sternenlicht – das in einer Gegend ohne Elektrizität wirklich hell ist – in drei Nächten bis nach Kandahar.

Ich trug wie immer meinen grauen *Pirhan*, weite Baumwollhosen und eine lange, bis zu den Knien reichende Jacke aus demselben Material. Mama war im Tschador unterwegs, hatte aber eine Burka dabei, die sie anzog, sobald wir anderen Leuten begegneten – ein idealer Trick, um zu verbergen, dass sie eine Hazara war, und um mich zu verstecken.

Am ersten Tag ruhten wir uns bei Sonnenaufgang in einer Karawanserei aus, die, wie man an den vergitterten Fenstern sah, von den Taliban oder wem auch immer als Gefängnis genutzt wurde. Zum Glück war niemand da, aber ich langweilte mich, also zielte ich mit Steinen auf eine an einem Mast befestigte Glocke. Ich versuchte, sie aus einer Entfernung von hundert Schritt zu treffen. Schließlich gelang es mir, doch sofort kam der Mann auf mich zu gerannt, packte mich am Handgelenk und befahl mir, damit aufzuhören.

Am zweiten Tag sahen wir, wie ein Raubvogel über einem Esel kreiste. Der Esel war natürlich tot, seine Beine waren zwischen zwei Felsen eingeklemmt. Für uns war er völlig wertlos, weil wir ihn nicht essen konnten. Ich weiß noch, dass wir ganz in der Nähe von Schajoi waren, für Hazara der gefährlichste Ort Afghanistans. Es hieß, die Taliban würden durchreisende Hazara gefangen nehmen, bei lebendigem Leib in tiefe Brunnen stoßen oder den wilden

Hunden zum Fraß vorwerfen. Neunzehn Männer aus meinem Dorf waren auf dem Weg nach Pakistan verschwunden. Der Bruder eines dieser Männer war losgezogen, um nach ihnen zu suchen. Er war es auch, der uns das mit den wilden Hunden erzählt hatte. Von seinem Bruder fand er nur noch die Kleider und in den Kleidern seine Knochen.

So ist das bei uns.

Es gibt ein Sprichwort bei den Taliban: Den Tadschiken Tadschikistan, den Usbeken Usbekistan, den Hazara Goristan. *Gor* bedeutet Grab.

Am dritten Tag begegneten wir vielen Leuten, die wer weiß wohin unterwegs und wer weiß wovor auf der Flucht waren: Es war eine ganze Karawane aus Lastwagen voller Männer, Frauen, Kinder, Hühner, Stoffballen und Wasserkanister.

Wenn Lastwagen kamen, die in unsere Richtung fuhren, baten wir die Fahrer, uns ein Stück mitzunehmen, wenigstens ein kleines Stück. Waren sie nett, hielten sie an und ließen uns einsteigen. Waren sie dagegen wütend auf sich und die Welt, gaben sie Gas und fuhren weiter, wobei sie uns völlig einstaubten. Sobald wir Motorenlärm hinter uns hörten, versteckten Mama und ich uns so schnell wie möglich in einem Graben, zwischen Sträuchern oder hinter Felsen, falls es welche gab. Der Mann blieb am Straßenrand stehen und fuchtelte wild mit den Armen, damit er auch ja gesehen und nicht überfahren wurde. Wenn der Lastwagen hielt und alles in Ordnung war, stiegen Mama und ich vorne ein (was zweimal vorkam) oder hinten zu der Ware (was einmal vorkam). Als wir hinten einstiegen, war die Ladefläche voller Matratzen. Ich habe ausgezeichnet geschlafen.

Als wir den Fluss Arghandab überquerten und nach Kandahar kamen, hatte ich dreitausendvierhundert Sterne gezählt (eine stolze Zahl, wie ich finde). Davon waren mindestens zwanzig groß wie Pfirsichkerne, und ich war sehr müde. Aber nicht nur das: Ich hatte auch die von den Taliban gesprengten Brücken gezählt, die ausgebrannten Autos und die vom Militär zurückgelassenen verkohlten Panzer. Aber lieber wäre ich nach Nawa zurückgekehrt und hätte mit meinen Freunden *Buzul-bazi* gespielt.

In Kandahar hörte ich auf, die Sterne zu zählen. Und zwar deshalb, weil ich zum ersten Mal in einer so großen Stadt war und mich die Lichter der Häuser und Straßenlaternen viel zu sehr ablenkten. Ansonsten hätte ich mich aus Müdigkeit verzählt. Die Straßen von Kandahar waren asphaltiert. Es gab Autos, Motorräder, Fahrräder, Läden und viele Lokale, in denen man Chai trinken und von Mann zu Mann reden konnte. Mehr als drei Stockwerke hohe Häuser mit Antennen auf den Dächern und überall Staub, Wind und Staub. Und so viele Leute auf den Gehsteigen, dass unmöglich noch irgendjemand zu Hause sein konnte.

Nachdem wir ein Stück gegangen waren, blieb der Mann stehen und befahl uns zu warten – er müsse etwas regeln. Er sagte uns weder, wo noch mit wem. Ich setzte mich auf eine Mauer und zählte die vorbeifahrenden Autos (die bunten), während Mama regungslos stehen blieb. Es roch nach Frittiertem. Aus einem Radio plärrten Nachrichten, es hieß, in Bamiyan gäbe es Schießereien, und in einem

Haus hätte man zahlreiche Tote gefunden. Ein alter Mann hatte die Hände zum Himmel erhoben und flehte Gott um ein wenig Gnade an. Ich bekam Hunger, bat aber nicht um etwas zu essen. Ich bekam Durst, bat aber nicht um etwas zu trinken.

Der Mann kehrte mit einem Lächeln zurück, ein anderer Mann war bei ihm. Ihr habt Glück gehabt, sagte er. Das ist Shaukat, er bringt euch mit seinem Lastwagen nach Pakistan.

Meine Mutter sagte: *Salaam,* Agha Shaukat. Danke.

Shaukat, der Pakistani, schwieg.

Und jetzt geht!, sagte der Mann. Bis bald.

Danke für alles, sagte meine Mutter.

Aber das habe ich doch gern getan.

Richte meiner Schwester aus, dass wir eine gute Reise hatten.

Wird gemacht. Viel Glück, kleiner Enaiat.

Er umarmte mich und küsste mich auf die Stirn. Ich lächelte ihn an, als wollte ich sagen, na klar, bis bald, mach's gut. Dann fiel mir auf, dass *viel Glück* und *bis bald* nicht besonders gut zusammenpassen: Warum viel Glück, wenn wir uns ohnehin bald wiedersehen würden?